지구의 리셋(RESET)

실상연구원총서 2

종말은 디스토피아인가?

지구의 리셋

(RESET)

이삼한 저, 최준권 편집

자유문고

머리말

스승께서는 어두운 세상을 밝히고, 중생들의 편견을 깨부수며, '있는 것'을 바로 볼 수 있도록 알려주고자, 그리고 길 없는 길을 가는 중생들에게 세상의 길을 알려주기 위해 이 세상에 오셨다.

스승은 1984년 12월 어느 날, 남해 인근에 있는 연화도라는 섬에서 깨달음을 얻으셨다. 그리고 2008년 8월 21일 말레이시아 쿠알라룸푸르에서 돌아가시기 전까지 중생들의 깨달음을 위해 끊임없이 가르침의 말씀을 전하셨다. 이 책은 스승이 전한 말씀 중 '변화기', '창조', '구원'과 관련된 내용을 엮어 편집한 것이다.

여기에 실린 스승의 말씀은 허구가 아니며, 있는 그대로의 사실이다. '깨달음'을 얻은 스승은 '있는 것'을 보고 말씀하시기에 때로는 논리적이지 않다. 그러니 논리에 물든 현대인들은 스승께서 직접 보시고 말씀하신 자연의 가르침을 이해하기 어려울 수도 있을 것이다.

따라서 이 책은 밝은 정신으로 읽어야 마음에 닿고 비로소 깨달을 수 있다. 진실한 자, 진리를 말하는 자, 있는 그대로를 보는 자, 거짓을 말하지 않는 자, 지혜의 눈을 뜬 자, 바로 스승께서 이 땅에 오셔서 가르친 말씀을 간추려 출판에 부치니 부디 이 책이 사람들

의 인생을 밝히는 환한 빛이 되길 바란다. 이 책의 독자들에게 큰
깨달음이 오길 간절히 기원한다.

2023년 2월
편집자 원덕

1부 변화기

'현상'이란 가변적이다. 변하지 않는 것은 '법칙'이다. 세상은 이 법칙이 있어 존재한다. 적절한 시기가 왔을 때 세상에 문명이 일어났다. 인간의 정신이 한계에 도달하면 세상에는 변화기가 온다. 그러면 오늘의 인류가 사라지고 새로운 인류가 나타난다. 한 송이 꽃을 보자. 아름답지 않은가. 그러나 저 꽃이 질 때 아름다움은 사라지고 추함만 남는다. 문명과 인류도 마찬가지다. 이 찬란한 문명과 인종은 어떻게 될 것인가. 인간의 정신은 아주 빠른 속도로 멸망할 것이다. 인간의 정신이 멸망에 다다를 때 종말은 가까워진다. 이제 곧 이 세상은 종말을 맞이한다.

12에서 시작한 시곗바늘이 다시 12를 향해 달려가는 것처럼 이 세상도 그렇게 돌아간다. 그리고 이 과정에서 큰 변화가 일어난다. 이 '변화'란 지각 변동과 지진 현상, 화산 활동, 해일 현상을 일컫는다. 지각 변동이 일어나면 수천 미터의 파도가 일어나 땅을 치고, 도시는 삽시간에 사라진다. 묵은 것이 사라진 이 세상엔 새로운 것이 나타난다.

1 — 지구의 마지막 운명

과학은 있는 일을 밝혀내고 문명을 일으키며 인간이 그 문명의 주인이 되는 학문이다. 하지만 아직 인간은 이 세상이 어떻게 존재하고 어떻게 유지되는지 잘 모른다. 어떤 일이 잘못되면 신神이 보살펴 줄 것이라 믿는 사람들도 있지만 잘못된 생각이다. 세상을 오래 관찰하다 보면 이 세상이 하나의 거대한 생명체라는 것을 알게 된다. 그렇지 않았다면 인류는 이렇게 오래 유지될 수 없었을 것이고, '지금'과 같은 '미래'를 만들 수도 없었을 것이다. 이 세상의 비밀이 무엇인지 궁금했으나, 나는 이 사실을 알고 나서 매우 큰 고민에 빠졌다. 사람들은 내가 깨달은 이 사실에 관심도 없었고, 나는 현상계를 존재하게 하던 일들을 밝히려 하다가 오히려 주변 사람마저 잃게 되었다. 그때 비로소 사람들은 모두 다른 의식과 시각을 가지고 있다는 사실을 알게 되었다. 사람들은 자신이 배우지 않았거나, 확인하지 않은 일에 대해서는 그 존재 여부에 대해 쉽게 알아차리지 못했다. 그런데도 내가 이 일을 두고 끊임없이 노력한 이유는 인류의 일을 생각했기 때문이다. 그래서 나는 세상을 떠도는 나그네가 되었다. 나는 그 어떤 외국어도 하지 못하며, '이런 일'을 해야 한다고 고집스럽게 나를 밀어주는 후원자가 있는 것도 아니다. 나는 그저 혼자 인류를 위해 이 일을 하고 있을 뿐이다. 경비를 마련하는 것도 여행하는 것도 나 자신의 힘에 의존해야 했다. 나에게는 쉬운 일이란 하나도 없었다. 하지만 입장이 바뀌었을 때 너희라면 어떻게 했을 것인가. 당연히 지금의 나처럼 했을 것이다. 이런 일은 양심과 사랑이 없이는 누구도 할 수가 없는 일이다. 이제부턴 내가 어쩌다가 이런 일을 하게 되었는지를 말하겠다.

1984년 12월 어느 날, 의식 속에 있던 어떤 일 이후 근원의 세계에 이를 수 있었다. 나는 이 일로 인하여 해탈解脫했으며, 세상에서 최고의 깨달음을 얻게 되었다. 깨달음이란 세상일에 눈을 뜬 것이라고 말할 수 있다. 나는 그때부터 생각 없이 있는 사실을 있는 그대로 보게 되었고 새로운 세계를 만났다. 세상은 하나의 원칙에 의해서 존재해왔다. 그 원칙이란, '특별한 일이 없더라도 자신들 속에서 자신을 존재하게 하는 일'이다. 그 원칙은 세상을 존재하게 한 비밀이기도 했다.

간단하게 있던 일들을 두고 세상의 일을 비교해 관찰했을 때, 생명체는 자신의 근본과 바탕에 있던 일들에 의해 활동한다. 그리고 다시 활동을 통해서 자신들의 근본을 만들고 한번 존재한 건 계속해서 자기 자신을 존재하게 했다. 마찬가지다. 이 세상이 하나의 생명체처럼 활동한다는 건 '이 일'이 세상을 영원히 존재하게 한다는 것이다. 만일 이런 일이 없었더라면 세상엔 그 어떤 생명체도 지금처럼 존재할 수 없었을 것이다.

세상은 우리가 바라는 어떤 답을 문제 속에 존재하게 해두었다. 수학에서 문제가 바뀌면 답도 바뀌게 되어 있는 것처럼. 답을 얻을 수 없다고 생각한 문제가 있는가. 그건 자기 자신 안에 있는 문제를 바꾸면 된다. 너희가 조금만 세상일에 눈을 뜬다면 너희는 자신에 의해서 영원한 생명과 세상을 있게 하는 일들을 금방 이해하게 될 것이다. 너희가 원하든 원하지 않았든 세상은 있는 일을 통해서 끝없는 세상으로 이어지게 되어 있다. 한 인류가 없어진다해서 세상의 종말이 오는 것이 아니다. 새로운 세상이 그 일로 인하여 나타나게 된다. 이런 일은 누구도 막을 수가 없고 또 그 일은 막아서도 안 된다. 너희는 이 있게 되는 일을 통해서, 지금까지 어떻게 세상이 존재했는지를 알 수가 있다. 이런 일이 있을 때는 누구나 대비를 해야 할 것이다.

변화기變化期는 틀림없이 우리의 시대에서 나타나게 되어 있다. 현재의 인류는 사라지고, 혼란의 소용돌이 속에서 새로운 인류가 다시 태어난다. 이러한 일은 과거로부터 예견된 일이고, 문제는 우리들의 선택이다. 자신을 버릴 것인지, 자신을 존재하게 할 것인지 누구도 쉽게 해결할 수 없을 문제다. 내가 세상을 떠돌아다니고 있는 것도 알고 보면 이 일 때문이다. 나는 너희의 선택을 방해하고 싶지 않다. 내가 너희에게 바라는 것은 나의 말이 진실인지 거짓인지 확인해 달라는 것이다. 너희는 이 일을 확인하면 결코 나의 말이 지금처럼 멀게만 느껴지지는 않을 것이며, 너희의 삶에 영원한 생명의 길을 낼 것이다.

 이제 본론으로 들어가서 내가 어떻게 있는 일을 보고 세상의 일을 알아볼 수 있는지 말하겠다. 먼저 너희가 문제를 지적해 주면, 나는 어떻게 해야 문제 속에 숨은 답을 얻을 수 있는지 그 방법을 제시할 것이다. 너희가 원하는 답을 가지고 있다면, 어떠한 문제에서 그런 답을 얻어낼 수 있는지 말할 것이다. 질문에 대한 나의 답변에 대해서 의문점이 있을 때는 추가 질문을 해주길 바란다. 나는 이 자리를 통하여 너희와 만나게 된 것을 매우 기쁘게 생각한다. 나와의 만남이 너희가 세상의 일을 이해하는 데 도움이 되기를 바라는 바이다.

2 — 생명체의 모체

인류는 얼마 있지 않아서 변화기라는 중요한 사태를 맞이하게 될 것이다. 변화기는 세상에 큰 변화가 일어나는 시기다. 이 변화는 기존의 모든 문명과 물질을 사라지게 하고, 새로운 세상을 이 자리에서 다시 태어나게 한다. 세상에 생명체가 존재하는 데는 뜻이 있기 때문이다. 이 뜻이 존재하는 사회를 '법계法界'라고 한다. 이 법 덕분에 세상에 많은 물질과 생명체가 존재할 수 있는 것이다. 물질과 생명체는 뜻으로 인하여 반복하고 세상 자체도 반복된 현상을 일으키고 인간도 계속 반복되고` 있다.

생명의 모체는 세상이다. 변화기란 세상의 종말과 새로운 세상의 시작을 의미한다. 만일에 이 세상에 깨달은 자가 나타나지 않는다면, 이런 일을 사람들이 안다는 것은 불가능에 가깝다. 오늘날 과학자들이나 많은 학자들이, 수십만 년 전에 변화기가 있었다고 말하고 있지만, 이것은 그들의 상상에서 나온 말이다. 변화기는 5천 년이나 6천 년을 주기로 일어나고 있다. 인간의 능력으로는 누구도 이 변화기라는 것을 설명할 수도 없고 또 알아낼 수도 없었다. 변화기를 맞이해서, 그리고 세상에 존재하는 소망을 위해서 누군가 이 세상에 태어나야 했다. 그리고 그는 완전한 깨달음을 성취하고 나서 세상의 일을 밝혀야 하는 사명을 짊어져야 했다. 그런데 유감스럽게도 나 자신이 그런 사명을 졌다. 이 일을 하기 위해서는 특별한 사연이 있었고, 그 사연은 나를 세상에 태어나게 했다.

Q 그러면 운명을 가지고 태어나신 것입니까?

슝: 나는 세상에 태어나기 이전부터, 세상에 태어나면 깨달음을 얻는다는 약속이 있었다. 내가 깨달음을 성취해야 할 시기에 나는 깨달음을 성취했다. 사람들은 아무도 그것을 알 수가 없었으며 내가 깨달았다 하면 대부분 고개를 돌렸고 외면했다.

Q 왜 그렇다고 말씀하십니까?

슝: 나는 사람들로부터 외면과 무시를 받고 나서야 비로소 이 세상에서는 사람들의 의식意識이 같지 않다는 사실을 알았다. 일반 사람들은 있는 일을 바로 보지 못하며, 그들이 본 것과 내가 본 것에 차이가 있는 이유는 깨달음이란 사건이 나에게서 일어났기 때문이다. 나는 그때부터 일반 대중으로부터 환영받지 못하는 사람이 된 것이다.

Q 선생님이 우리와 다른 것은 무엇입니까?

승: 내가 깨달음을 얻기 전에는 너희와 똑같은 시각을 가지고 있었다. 물론 남다른 점이 있었다면, 어떤 일을 추진할 때 적극적이었고, 매우 순수했기 때문에 일반 사람과 달라서 무슨 일이든지 하면 사람들이 많이 따랐고, 거기에 힘이 만들어지기 시작했다. 그 외에는 너희와 같았다. 그렇게 힘이 만들어지자 사람들이 나를 따라왔지만, 깨달음을 성취하고 나서 나의 시각이 월등히 높아졌다. 그러자 사람들은 나의 시각을 따라올 수가 없었다. 그들이 보기에 내가 하는 말은 너무 먼 곳의 일을 이야기하는 것이었고, 그들의 시각으로는 볼 수도 없었다. 아무도 볼 수 없는 사실을 듣는다는 것이 힘들다는 것을, 너희도 기회가 있게 되면 체험하게 될 것이다. 만일에 너희가 이 자리에 와서 들은 말들을 다른 사람에게 옮기게 되었을 때, 다른 사람들로부터 반신반의하는 모습들을 보게 될 것이다. 어떤 사실에 대해서 질문과 토론을 통해서 충분한 이해를 얻었다 하더라도 그것을 또 다른 사람에게 전하는 것은 매우 어렵다.

Q 왜 어렵다고 하시는 것입니까?

승: 깨달은 자의 말은 진리眞理이기 때문이다. 있는 일을 있게 한 원인과 그러한 일들이 진리이다. 있는 일을 있게 한 것이 무엇인지는 자연에서 볼 수 있다. 씨앗을 심었더니 거기에서 싹이 나고 열매가 열린 것도 진리요, 싹을 기름진 땅에 심었더니 거기에서 좋은 싹이 나고 원래의 모습보다도 좋은 열매가 열렸다는 것도 진

리다. 너희가 이 진리를 사람들에게 말하게 되었을 때, 그들의 시각으로는 진리를 알아보는 것이 매우 힘들다. 나는 만고의 깨달음을 세상에서 다시 보게 되었지만, 사람들에게 전달하는 일이 거의 불가능했다.

Q 만물의 근본은 무엇이며 최초의 생명체는 어디서 왔을까요?

승: 수백억만 년 이전으로 올라가면, 천체에 대파동이 있었다는 증거가 나온다. 이 파동으로 인해서 각계에 있는 유성들은 흔들리기 시작했고, 그 흔들림으로써 마찰도 있었을 것이다. 여러 가지 마찰 속에서 힘이 나타나게 된 것이고, 이 힘이 다른 표면에 있는 힘을 깨우게 되었다. 그럼으로써 거기서 환경이 나타나고 그런 환경이 또 하나의 바탕을 만들면서 이 관계에 생명체가 나타나게 된 것이다. 이 기본 원리는 간단하게 대기권 밖으로 나가서 실험을 통해 얼마든지 확인 가능하다.

Q 어떤 공간에서 힘이 일어나고 생명체가 일어난다는 것이잖아요?

승: 어떤 힘을 부딪치게 해서 그 부딪침을 계속 연결하면 된다. 아무것도 없는 공간에 구멍을 내고 피스톤을 만들면 힘이 나온다. 피스톤이 작용하는 공간의 공기를 진공하고 다른 물체를 섞었을 때, 그리고 먼저 공기 속에 물체를 넣고 난 다음에 실험을 통한 기운 속에 물체를 넣었을 때 다른 변화가 나타날 것이다. 이러한 과

정을 가지고 과거를 추적할 수 있는데 상당한 노력과 시간을 거쳐야만 진실 규명을 할 수가 있다. 즉 요동 속에서 마찰이 있었다. 이 마찰 속에서 힘이 나왔고, 이 힘이 또 하나의 힘을 깨우면서 환경과 바탕이 조성되었으며, 그 기운 속에서 생명체가 탄생하고, 이 생명체는 또 다른 바탕과 환경을 만들며 또 다른 생명체를 발현하게 한 것이다.

Q 인간의 생명이 시작되는 시초도 있겠습니까?

승: 모든 신도 기운을 통해서 존재하고 우리가 살면서 축적한 기운 속에서 신이 나온다.

Q 지구의 미래에는 희망이 없는 것입니까?

승: 지구 위의 지상 공간에는 기운이 가득 차 있다. 지구도 생명체이니 죽었다가 다시 태어난다. 이런 반복 현상이 없었다면 어떻게 석탄, 석유, 에너지가 고갈되지 않고 유지돼 왔겠는가. 앞으로도 이 상태를 유지할 수 있다는 보장도 없다. 인구가 늘어나면 식량 기근 문제가 생겨 인류는 자멸한다. 이 세상에는 놀라운 뜻의 세계가 존재한다. 아주 가까운 시간 안에, 대기의 기체가 약화돼서 어떤 현상이 일어나게 된다. 여기 땅속에 암석이 녹은 마그마가 흐르는 힘이 존재하기에 내려가면 열 층이 나온다. 흐르는 물은 그 열에 받쳐서 온천수를 만든다. 그런데 이 대기에 가득 차 있

는 기운이 땅의 표면을 억누르고 있으므로 안에 있는 기운이 폭발하지 못한 채 갇혀 있다. 이 대기의 기운이 약해지면, 반대로 이 기운은 상승한다. 누르는 힘이 약해지면, 밑에서 올라오는 힘이 강해지는 것이다.

Q 이것은 저희가 물리 시간에 배운 것 같습니다.

承: 사실 내가 여기서는 물리에 대해서 배운 학력이 제일 아래이니, 물리적인 설명은 상대적으로 너희가 더 잘 이해하리라고 믿는다. 지구 표면의 기운이 상승할 때, 제일 먼저 일어나는 것이 지각 변동이나 해일이다.

Q 그런데 이런 일이 있었던 적이 언제입니까?

承: 이것은 5천 년~6천 년 전에 있었던 일이다. 그러나 역사의 기록에선 이 일을 찾아볼 수 없고 아무도 알지 못하니, 나 혼자만 이것을 설명할 수 있다. 그 기운에 의해서 땅이 일부분 갈라지면 땅의 소용돌이 속에서 엄청난 파도가 일어난다. 최대 2천 미터에 달하는 파고는 건물과 도시를 삽시간에 쓸어버리고 모든 문명은 흔적도 없이 사라지게 된다.

Q 그러면 이 문제의 해결 방법이나 비밀을 아시는지요?

승: 이 문제를 풀고자 대기층의 기운이 변화하는 사실을 알아내기 위해 세계 물리학회도 방문했다. 하지만 중력이 생성하는 원인과 중력이 소멸하는 원인을 밝혀내지 못하고 돌아왔다. 그들은 문제를 모르고 있었다. 나는 보는 자이고, 보지 못하는 건 모르지만, 그들이 가지고 있는 자료를 보면 이런 것을 계산할 수 있다. 이 지구는 생명체니 유적이니 문화유산이니 하는 것들이 그동안 이룩한 문명과 함께 사라져 버릴 것이다.

Q 이것을 종교에서 천지개벽이니 말세니 하는 것입니까?

승: 간단하게 생명이 어떻게 윤회하는지 과정을 설명하고, 이 세상이 어떻게 또다시 미래에 우리 눈앞에 나타날지를 설명하겠다. 이 이야기를 들어보라! 땅에 떨어진 콩에서 싹이 나고 그 잎이 갈라지니, 싹은 또 피어서 콩알을 만든 것처럼, 사람은 어머니 뱃속에 가서 영혼을 만들어 태어나고, 또 죽어서 이 콩처럼 흩어져버리고 깨지니, 여기서 생명이 났는데 이걸 윤회輪廻라고 한다. 모든 물질과 문명이 사라진 세상엔 엄청난 해일과 물과 화산 활동과 지각 변동이 일어난다. 그 속에서 나오는 열기와 물의 부딪침 속에서 엄청난 기운이 생기고, 이 지구와 대기층에 쌓여 있던 죽은 기운은 전부 사라지고 새 기운이 가득 찼다. 기운이 가득 차자 지구는 소용돌이를 멈추면서 평화를 되찾기 시작했다. 이 대기에는 살아 있는 기운이 가득 차고, 이 기운 속에 흩어져 있는 순수한 진기는 생명체를 만들고 생명의 근원이 된다. 그래서 생명의 씨앗만

있으면 이때부터 부활이 계속된다.

Q 이것은 조물주가 만드는 것이 아닙니까?

승: 이 세상은 그러한 뜻과 법칙으로 존재하는 것이다. 내가 이 미래의 세계에서 영원한 자신을 빛내고 영생과 극락에 가는 길을 가르쳐 주었으니, 너희는 자기 자신을 사랑하고 자신에게 봉사하라! 삶을 자신에게 바치는 가장 고귀한 선물로 생각할 때만 가능하다.

Q 여래님께서는 이러한 현상이 일어나기 전에 어떤 역할을 이 시대에서 할 수 있습니까?

승: 나는 이 시대에서 모든 자의 소망이 이뤄지게 할 수 있다. 내가 가진 답으로 인간의 모든 의문을 풀고 소망을 이뤄줄 수 있다. 나는 그러기 위해 태어났다. 내가 이 진실을 밝히면 모든 성직자는 사의를 표해야 할 것이다. 그들의 곁에는 많은 사람이 있지만, 나의 곁에는 아무도 없다. 내가 이 시대에서 진실을 밝히지 않으면 길을 아는 자가 없다. 내가 죽고 이 세상은 끝나 버린다면 수십만 년이 지나서야 또 하나의 변화 속에서 생명체가 태어날 수 있다. 너무나 오랜 기간 세상에 길이 끊어지는 것이다. 나는 이 문제에 대해서 상세하게 알고 있기에 감히 세계 모든 천재의 지식을 합친 것보다 앞서 있다고 말하는 것이다. 법칙은 수학의 수치와

1부 변화기

같고 이치는 공식과 같다. 이치에다가 세상에 있는 것을 놓고 보면 답이 모두 나온다.

Q 이 세상의 인류도 운명이 정해진 것입니까?

승: 인류에게 어떤 일이 일어날지는 정해진 것이다. 정확하게 그 날짜와 시간과 현상을 말하려면, 그 수치를 정확하게 알고 문제가 정확할 때 정확한 답이 나온다. 내가 문제를 정확하게 알지 못하고, 육안肉眼으로 본 일부의 현상만 가지고 계산해도 절대 틀리는 일은 없다. 나는 한국 정치, 경제, 모든 분야의 일도 환히 꿰뚫어 보며 세상의 모든 비밀을 알고 있다. 하지만 이 일만은 너무 힘들고 어렵다.

Q 어떻게 사는 것이 좋은 삶일까를 생각하게 되는데요.

승: 좋은 삶을 통해서 좋은 내세를 맞이할 수 있음을 안다면 너희는 어떤 어려움을 만나더라도 그 어려움을 쉽게 극복할 수 있다. 만일에 이런 일을 너희 스스로 확인할 수 없고 볼 수 없다면 그 일은 너무나 힘들어진다. 이 시대는 말세이며 종말이다. 즉 이제 존재하는 것은 끝난다는 말이고 자기 스스로 만드는 것이다.

Q 어떻게 하면 이 변화기를 피해서 미래의 세상에 태어날 수 있습니까?

승: 그것은 자기 속에 있는 업業을 없애면 된다. 육체는 도구에 불과하기에, 죽으면 흙으로 돌아가고, 분해되어 시간이 가면 변화한다. 하지만 의식은 기운으로 되어 있기에 쉽게 흩어져도 또 다른 현상과 만난다면 살아난다. 자기가 없어지고 싶다 해서 쉽게 없어지는 게 아니다. 다만 활동의 부족에 의해서 사라질 수는 있다. 그래도 활동이 부족한 의식체는 자꾸 다른 하급 차원으로 떨어질 수도 있다는 것뿐이지 영원히 없어질 수는 없다. 그 의식의 무게가 무거울 때 하급 차원으로 떨어질 수 있다. 그러기에 너희의 의식 속에 있는 업보業報를 덜어버리면, 의식이 매우 편안하고 에너지는 아주 가볍게 상승한다. 한 세상이 새로운 세상으로 바뀔 때 높이 떠서 그 파장권 밖으로 벗어나면, 의식체가 파괴되지 않게 된다. 씨앗이 보존되면 언제든지 땅을 만나서 부활할 수 있다.

Q 인간의 생명체가 가지고 있는 것도 똑같은지요?

승: 삶의 비밀은 여기에 있으니 모든 구원은 자기를 통해서만 가능하다. 내가 어떤 원리에 의해서 내 속에 있는 업을 제거했을 때, 내 수명은 오래 이어질 것이고, 인간으로서의 내 모태는 오래 지켜질 것이다.

Q 만일의 경우 자기의 근본을 망쳐버렸을 때는 어떻게 되는 것입니까?

숭: 모태의 비밀에 의해서 인간 이하로 부활하든가 파괴된다. 삶의 가장 큰 문제가 무엇인지 알고자 한다는 것은, 즉 너희가 무엇을 원하는지를 깨닫는다는 것이다. 살기를 원하는지, 죽기를 원하는지, 평생 남의 노예로 살기를 원하는지, 죄인으로 살기를 원하는지 자기에게 물어야 하며, 운명은 자기가 만드는 것이다. 운명의 신은 자신 속에 있다.

Q 운명이란 어디서 누군가가 점지하는 것이라고 아는 사람들이 많습니다.

숭: 자기가 자신의 운명을 만든다. 현재의 일은 미래의 나를 존재하게 하는 모태이다. 그러므로 현재 있었던 일들이 자기의 미래를 결정한다. 너희가 이런 걸 느낄 수는 없지만, 실제 이런 일은 존재한다. 내가 어떤 일로 인해서 내 속에 나쁜 것이 들어오게 되면, 끝없이 앞으로도 나쁜 일을 존재하게 하지만, 내가 어떤 경우에 좋은 일을 있게 했다면, 또 끝없이 나에게서 좋은 일만을 존재하게 한다.

3 — 인류 종말의 예언

세상은 존립하기 위해 같은 일을 모태로 계속 반복해왔다. 이 반복 현상에 의해서 세상은 끝없이 계속해서 열린다. 묵은 것은 사라지고 새로운 것이 나타난다. 문명과 인종은 어떻게 나타나고 사라졌는가. 종교에선 종말을 언급한다. 종말은 세상이 끝나서 없어지는 게 아니라 세상의 한 주기가 끝나고 새로운 세상으로 바뀐다는 뜻이다. 그것은 하나의 큰 변화가 일어난다는 것을 의미한다. 사람들은 종말을 실감하지 못한다. 하지만 분명한 것은, 종말은 예언되어 있다는 것이고, 분명히 일어날 일이라는 것이다. 이 세상은 누구도 바꿀 수 없는 견고한 법칙으로 짜여있다. 세상은 반복 현상의 원리를 이용해 끝없이 자기 자신을 존재하게 한다. 그것이 윤회이다. 씨앗에서 싹이 나고 열매를 맺고 나면 식물의 생애가 모두 끝나는 것처럼 보이지만 영원히 없어지는 게 아니다. 다시 새로운 생명이 부활한다.

Q 세상에 사는 인간의 세계도 이와 같은 원리에 의해서 끝없이 존재하는 것입니까?

僧: 이때 일어나는 현상을 나는 변화기變化期라고 말하고 있다. 어떤 일이 있어서 그 일로 인하여 없어진다는 의미를 두고 말하는 것이다. 앞으로 이 세상에 사는 인간의 정신은 아주 빠른 속도로 멸망할 것이다.

Q 인간 정신이 멸망할 때, 언제나 세계에 종말이 다가왔다는 것입니까?

僧: 인간의 정신이 멸망하면 인류는 종말을 고한다. 이런 시대에 우리 자신이 있는 일을 배우고 실수하지 않고, 자신에게 도움이 되는 일을 한다는 건 매우 외로운 일이다. 나 역시 이런 일을 하는 스물네 시간 중에서 여덟 시간은 자니까 잊어버리고, 여덟 시간은 아무것도 안 하고 여기 와서 빈둥거리니까 잊어버리고, 나머지 여덟 시간은 사실이지 절망적이다. 결국은 자신이 깨달은 이후에야 이웃에게 도움이 될 수 있다는 것을 너희는 알아야 한다. 잘못된 말은 사람들을 실수하게 만들고, 잘못을 존재하게 하는 원인을 만들기 때문이다. 세상에서 무지한 사람들은 옳고 그름이 없다고 하고 모두 내 탓이라고 말한다. 하지만 깨달은 자는 항상 옳고 그름을 설명한다. 옳은 일에서 옳은 결과를, 잘못된 일은 잘못된 결과를 가져오기 때문이다.

Q 이런 일에 관심을 가지고 살아야 하는 이유가 있는 것입니까?

숭: 자기 삶의 균형을 스스로 잡아 나가야 한다. 망해도 좋고 죽어도 좋으면 아무렇게나 살아도 될지 모르겠지만 잘못된 사람들은 후회를 많이 한다. 나는 최근에 TV를 통해서 상당히 우습고 무서운 내용을 많이 보았다. 도둑질만 하던 사람이 유명 인사처럼 거들먹거리는 것을 보았고 올바른 것을 주장하다가 죽었다는 이야기도 들었다. 이것이 우리 현실에 있는 일이다. 일단 존재하는 것은 절대 부정해서는 안 되고 방관해서도 외면해서도 안 된다. 나는 항상 어떻게 하면 사람들이 위험하지 않고 좀 더 잘 살고 잘 될 수 있을까? 어떻게 하면 국가가 어려운 문제를 해결하고, 지구가 멸망하는 날까지 우리 민족과 동포가 희망으로 살아갈 수 있을까를 고심하는데, 생각하다 보면 나 자신은 또 절망이라는 늪에 빠지게 된다.

Q 저는 많은 책과 예언서들을 읽었는데, 그들은 세상이 망하고 신의 왕국이 건설될 것이라고 합니다. 어떤 사람은 예수가 돌아올 것이라고도 하고, 어떤 사람들은 세계가 이대로 계속 유지되어 나갈 것이라고도 합니다. 신이 없다고 하는 사람은 별로 보지 못하고 단순히 믿을 뿐입니다. 지금은 모두가 혼돈에 빠져 있는데 올바른 방향을 보여 주십시오.

숭: 네가 질문한 것이 어떻게 일어나는지 보고 싶다면, 나는 네가 물어온 부분을 확인할 수 있고 볼 수 있다. 네가 판단하는 일들이 옳은지 그른지 스스로 알도록 인도해 주겠다. 그러나 네가 세상일

　　　　　　　　　　　　　1부 변화기

을 보지 않고 판단하려고 든다면, 나는 너에게 어떤 말도 해줄 수가 없다. 곡식이 익는다는 건 한 생애를 다한다는 것이다. 세상에도 생애가 있다. 현재의 세상은 수명을 다해가고 있다. 말세의 현상에 대해서 상세히 알고 싶다면 우선 네가 어떤 책을 읽었는지, 그 책에 어떤 내용이 쓰여 있는지, 그리고 어떤 내용에 대해서 궁금한지, 어떻게 알고 싶은지 구체적으로 질문하라. 그렇게 된다면 우리 두 사람의 대화가 서로에게 더욱 유익해질 것이다. 내가 이런 말을 하면 너희는 그 말이 맞았는지 틀렸는지 혼란스럽기도 하겠지만 세상은 수학의 공식처럼 되어 있다. 문제가 있다는 건 풀고 해결할 수 있다는 거다. 문제가 잘못됐다면 정확한 답은 나올 수 없고 도리어 꼬여서 더 어려워질 수 있는 것 역시 세상의 일이다.

Q 상상은 좋지 않은 것입니까?

숭: 상상보다 사유思惟하라. 탐구하고 스스로 이론을 완성한다면 많은 것을 알 수 있다. 기어(Gear)를 물려서 돌리면 바람이 나오고 압력에 의해 뜬다는 원리가 나왔던 것처럼. 세상의 일을 너무 쉽게 대할 것도, 그렇다고 어렵게 볼 것만도 없다. 중요한 건 나 자신이 가진 문제가 꼬이지 않게 하는 것이다. 내가 모르는 걸 남은 알고 있는지 물어보라. 단 검증되지 않은 말, 근거가 없는 말은 함부로 받아들여선 안 된다. 살아감에 있어서 중요한 지점이다. 그래서 현실에 눈을 뜨기 위해 이곳에 오는 것이다. 어떻게 해야 현실을

잘 볼 수 있을지 너희는 스스로 잘 안다고 생각하지만 실상 중요한 일들은 잊고 살 때가 많다. 그래서 삶엔 가이드가 필요하다.

Q 제가 조선 시대에 살았던 남사고라는 사람이 쓴 책 『격암유록』을 읽어 보았는데요. 그 책에 첫째가 물로 어떤 변화가 오고, 불로 변화가 오고, 다음에 전쟁이고 그리고 기아였고, 마지막으로 원인을 모르는 질병이라고 하더라고요.

승: 이 세상이 망할 때 불로 망하느니 물로 망하느니 하는 말은 변화기 때 일어나는 일을 두고 하는 말이다. 불로 망한다는 것은 화산 활동을, 물로 망한다는 건 해일, 장마, 폭우를 뜻한다. 원인 모를 질병은 죽은 영체들이 산 사람의 몸에 접근하며 일어나는 것이다. 전쟁으로 많은 고통이 오고 물과 불은 변화기이자 한 세상의 종말에 나타나는 현상이다. 그런데 전쟁에서 원자폭탄을 터트리고 수소폭탄을 터트려도 이런 걸로 지구가 종말이 되는 건 아니다.

Q 제가 한 번 더 이야기하면, 제가 책에서 읽은 부분의 질병이 흑사병인데요. 그 병이 한국에서 시작해 3년을 거쳐 외국에 퍼지는데, 우리나라에서 북한을 통해 중국으로, 거기서부터 전 세계로 퍼진다고 합니다.

승: 확인한 사실이 아니면 믿지 말라! 누가 썼는가? 어떤 근거가

있는가? 그런 주장은 누구나 쉽게 확인할 수 있는 자료가 제시돼야 한다. 너희가 내 말을 확인코자 한다면 나는 증거자료를 줄 것이다.

Q 변화기와 휴거는 무엇이 어떻게 다른가요?

승: 변화기가 과거 6천 년 전에도 존재했고 그 이전에도 존재했고 또 앞으로도 다가올 것이다. 휴거는 어떤 사람들이 어떤 사실을 알고 말한 것을 기록한 것이다. 자신의 예감에 있던 예언을 이야기한 것이다. 휴거에서는 어떤 문제가 있어서 문제성을 밝히지 않았다. 즉 문제가 없는 문제이다. 과거의 예언을 환상적인 사람들에 의해 발표된 것을 기록한 것이다. 어떻게 해서 어떠한 일이 존재했다는 진실은 아무리 찾아도 없다.

Q 예언은 답은 있는데 문제는 없는 것 같습니다.

승: 자동차를 예로 놓고 봤을 때, 자동차가 좋다는 것만 전해지고 그 자동차가 어떻게 만들어진 것인지 이야기하지 않는다면 자동차라는 유산은 다음 세대에 전달할 수 없다. 이야기는 이미 이야기됨으로써 그 생명을 다한 것이다. 이야기만으론 그 어떠한 것도 알아낼 수 없다.

Q '자동차를 타면 서울에서 부산까지 몇 시간이면 갈 수 있다'는 정

도만 안다는 거죠?

승: 자동차가 어떻게 만들어졌는지, 어떻게 만들 수 있는지, 과정이 전부 빠져 있다. 그래서 우리는 그러한 물질이 존재했다는 이야기는 전할 수 있고 들을 수 있다. 하지만 그 속에 있었던 진실은 전할 수도 없고 알 수도 없다.

Q 수년 전에 종말이 온다고 시끄러웠던 적이 있는데요. 휴거가 올 수 있는지 알고 싶습니다.

승: 모든 상상이 다 들어맞는 건 아니다. 예수가 공중에서 내려와 사람이 휴거 때 몸이 하늘로 올라가는 일은 지구가 생기고 나서 한 번도 없었다. 물론 사람이 공중에 둥둥 떠다닐 수도 있다. 우주선을 타고 가다가 우주선 문을 잘못 연 바람에 혼자 무중력의 우주를 유영할 수는 있다. 중력이 있는 이 지상에서 어떻게 다른 사람들이 안 뜨는데 혼자만 둥둥 뜰 수 있다는 것인가. 법칙에 맞지 않는 일은 절대 일어나지 않는다. 상상 속에서 손오공은 구름을 타고 여의봉으로 저팔계를 무찌르지만 실제로 원숭이가 구름을 타고 날아간 것을 누가 봤겠는가. 상상도 이뤄질 수 있는 게 있고 없는 게 있다. 상상을 모두 믿지 말라.

Q 모든 과학이 인간의 상상 속에서 존재해 왔고 또 거기에서 실제로 ·변화하게 된 것은 사실이지 않습니까?

僧: 법계에서는 답을 분명히 설명할 수가 있다. 종말이라고 세상이 다 없어진다고 생각하지 말라! 혼란에는 무엇이든지 존재하며, 그 존재는 인연이 완성되고 뜻이 그 속에 닿았을 때 가능한 것이다. 기적을 믿지 말고 의지하지 말라! 소가 뒷걸음을 치다가 쥐를 잡았다고 하더라도, 쥐 많은 집에 소를 데리고 가서 쥐 잡는 어리석은 일은 가르치지 말라!

4 — 중력의 실체

한 시대에 변화기가 있었다는 증거는 어떻게 확인할 수 있는가. 문명이 최고도에 이르렀을 때 세상은 항상 멸망했다. 이 시대에 변화기가 오리라는 증거는 이미 오래전부터 예언의 말로도 전해 왔다. 농부가 어떻게 농사를 짓는가. 밭에 씨를 뿌린 작물이 열매를 맺으면 몸통은 죽고 열매만 남는다. 열매 속의 씨앗을 땅에 다시 뿌리면 작물은 부활한다. 세상은 이런 과정으로 끊임없이 존재를 유지해 왔다. 만일 이 시대에 변화기가 오지 않고 종말도 오지 않는다면 이 세상 자체는 생명이 살 수 없는 세계로 파괴될 것이고 달처럼 변할 것이다. 변화기가 오지 않고 기체 자체가 빠져나가고 중력이 약해지면 지구는 생명이 살 수 없는 곳으로 변한다는 이야기다. 중력을 다시 강화하고 기층을 바로 잡는 변화기의 활동 덕에 구멍 난 기층이 메워지고 모든 생명이 살아갈 수 있는 근본적인 환경, 중력이 먼저 형성된다. 중력에는 모든 생명의 근원이 있다. 에너지의 힘, 중력이 안 닿는 곳이 있다. 중력이 약한 그곳은 공기가 희박하고 몸이 하늘에서 안 떨어지고 가벼워진다.

Q 변화기 때 중력의 힘이 약해지면서 지표면에서 새로운 활동을 하게 된다고 하셨는데요, 변화기에 중력대가 약해지는 원인은 무엇입니까?

승: 중력은 이 세상의 기층에 꽉 찬 기운이다. 기운은 모든 생명 활동의 근원이 되는데, 중력의 균형이 깨지면서 화산이나 지각 변동과 해일 현상이 일어나고 한 세상이 끝난다. 인구가 많아지고 과학이 발달하며 자연계 균형이 깨지면 일어날 일이다. 어떤 기층이 파괴되면서 일어나는 일이든지, 아니면 자연계 활동이 중력이 소모되는 것만큼 생산되지 못해서이든지. 둘 중의 하나가 원인이다.

Q 그렇다면 아직 확인되지 않는 것입니까?

승: 여기에 대해서는 나도 너희와 똑같은 시각을 가지고 있다. 하지만 곧 과학자들이 가진 자료를 보면 나의 지혜로 그 이유를 알 수 있을 것이다. 육안肉眼으로는 기체가 어떻게 변하고 어느 정도의 힘을 가졌는지 느낄 수가 없다. 그래서 현재 중력에 대하여 많은 것을 설명할 수가 없다. 그러나 기상이변이 그전보다 조금 달라지고 있다. 온대 지방이 열대 지방이 되고 북극이 따뜻해지는 것처럼. 이런 현상 자체가 기층의 균형이 무너졌다는 증거고, 기층이 불안정한 것은 중력대가 불안정한 것이라고 봐야 한다. 기층이라는 말이나 중력 세계나 똑같은 것이다. 그 기층 안에 중력이 있

고, 기층의 변화는 중력의 활동으로 생성한다. 그러니 기층이 변하면 기상이변이 일어난다. 이걸 측정할 수 있는 기구가 없다. 이론적으로만 설명한 것이지만 나의 이론은 절대 틀리지 않는다. 단순화해서 이론적으로만 설명한 것이지 옛날보다 기층이 얼마나 얇아졌는지, 얼마나 힘을 상실해 가고 있는지는 과학자들이 가지고 있는 자료를 보고 곧 대답할 수가 있을 것이다.

Q 그런 물리적인 이유 말고 혹시 지금 결과의 차원으로 갈 영혼들이, 이 생명의 차원에 약 40억이 있다는 것이 어떤 균형이 깨지는 이유가 안 되겠습니까?

승: 결국 애착 때문에 세상이 큰 종말을 맞이한다. 그런 한恨 때문에 사람들의 영체가 종말에 빠지는 경우가 많다. 여기서 이런 말을 억지로 들을 수 있는 사람도 있지만, 어떤 사람들은 내가 하는 말을 듣게 되면, 졸음이 오고 머리가 아프다. 이런 상황은 사람마다 성질이 다르기 때문이고, 거짓을 듣기 좋아하는 사람들이 여기 오면 졸음이 온다.

Q 변화기 때 가벼운 영혼은 올라가고, 무거운 영혼은 내려간다는데 제가 잘 모르겠습니다.

승: 변화기가 언제 오는가. 지구상에서 주기적으로 똑같은 일이 일어나고 있다. 이 세상이 반복되지 않으면, 세상의 땅 전부가 산

성화되어서 못 쓰는 땅이 되고 모든 생명체가 멸종된다. 끝없는 세상을 존재하게 하는 비밀은 계속 반복한다는 것이다. 시계가 12시가 되면 0으로 넘어오고, 1시가 되면 다시 12시 방향으로 진행하는 것처럼 12시간 한 바퀴 도는 게 시계의 일대기다. 세상도 한 바퀴 돌아 12시에서 1시로 돌아가는 과정에서 큰 변화가 일어난다. 지각 변동과 지진 현상과 화산 활동, 해일 현상이다. 지각 변동이 일어나면, 수천 미터의 파도가 일어나 땅을 채찍질한다. 지표면이 약한 곳은 물로 들어가고, 얕은 곳에 물이 차면 땅은 섬이 될 것이니, 변화기 후에는 세계의 지도가 바뀔 것이다.

Q 과거의 세상에서 변화기가 있었다면, 그것에 대한 증거를 볼 수 있습니까?

승: 히말라야산맥에 조개껍데기가 나온다. 누가 일부러 그 높은 곳에 조개껍데기를 갖다 놓겠는가. 변화기 때 바다가 육지가 됐다는 설은 거짓말이 아니다. 하지만 한 주기의 수명이 늘어날 때도 있다. 인간 개개인의 수명이 다 다른 것처럼. 변화기의 주기는 6천 년마다 정해진 게 아니고 6천 년에서 길게는 8천 년의 주기로 보는 게 옳다.

변화기가 올 때, 파장 안에 든 기운이 모두 파괴된다. 부딪침에 의해서 압력이 생기고, 압력에 의해서 에너지가 생성된다. 중력이 새롭게 만들어지고 어느 정도 형성이 되면, 지각 변동이나 지진 현상이나 화산 활동이 멈추기 시작하면서 새로운 세상이 열리게 된다. 이 기간이 30년 정도 계속될 것이다. 세상은 그 이후에 '다시 일어났던 일'을 기준으로 활동을 계속하기 때문에 그에 따라 다시 생명체도 생긴다. 생명체의 근원은 변화기의 활동으로 생성된 중력대 에너지다. 다음 주기의 인간도 지금과 같을 것이다.

Q 미국의 과학자들도 곧 변화기가 있다는 것은 어느 정도는 추측하는 모양입니다. 그래서 현재의 모든 문명에 관련된 책자라든지 기구라든지, 이제 망해도 볼 수 있게끔 3천 피트 지하에 전부 저장하는 모양이더라고요.

승: 지각 변동이 일어났는데 누가 3천 피트 지하에 찾아가겠느냐? 그건 쓸데없는 일이다. 기구가 발달할 것이다. 이를테면 달 표면에서 소수의 인간이 호흡할 수 있는 공기나 물을 추출해 만들 수 있다. 이미 담수를 식수로 만드는 기술도 있다. 기체가 액화하고 액체가 고체로 변할 수 있다는 건 상식이다. 물이 없는 진공관에 공기를 주입해 중력대의 에너지를 여과시킨다면 물을 만들 수 있다. 연구가 진행된다면 대기권 밖에서도 생존할 수 있다. 이 파장이 지나서 생명체가 번식할 수 있는 세상이 돌아오는 데는 3~5년의 변화기를 거친 후 30년 이상 지나서로 본다. 영체가 부활하는 과정까지를 자기 생명의 보존으로 볼 수 있다.

Q 불확실한 세상에서 자기를 이기려면 어떻게 해야 하겠습니까?

슝: 깨달음이 있어야 한다. 그래야 자기가 하고 싶은 일이 옳은지 그른지 확인할 수 있다. 자신의 나쁜 습관으로 만들어진 업이 시키는 일을 스스로 거절하는 것은 매우 어렵다. 훈련이 돼야 하고 깨달음을 얻어야 지혜롭게 행동한다.

Q 왜 중력 같은 힘이 존재하는지, 그 힘이 어디에 있는지 알고 싶은데요.

슝: 지구의 대기 속에는 생명체의 부활에 필요한 에너지가 있다. 이 에너지의 힘을 중력이라고 표현하는데, 중력은 지구의 모든 활동에서 생성된다. 이 질문이 엉터리 같지만, 이런 식의 질문이라도 안 하면 중력이 뭔지 중력이 어떻게 생성이 되는지 너희는 알 길이 없다. 대학 물리학과 같은 데서 중력에 대해서 가르치고는 있다. 하지만 이런 중력의 실체가 무엇인지, 어떻게 만들어지는지, 어떤 일을 중력이라 하는지, 학자들은 거기까지 아직 시각이 닿지 않았기에 대학에서도 가르치지 못하고 있다.

Q 생명체를 부활할 수 있는 에너지가 무슨 일을 하고 있는지, 누구도 말하지 못했다면 선생님이 말씀해 주시겠습니까?

슝: 세상에는 힘의 세계가 존재한다. 기체가 허공에 꽉 차 있고 기체가 계속 윤회하므로 중력이 존재한다. 그런데 이 중력의 균형이 깨지며 지각 변동과 해일 현상에 의해서 인류는 결국 새로운

시대를 맞게 된다. 이렇게 정확하게 말할 수 있다. 이 기체가 생겨 새로운 기운이 어느 정도 가득하면 중력이 생기고, 그러한 중력과 기운이 존재할 때 현상세계에서 생명체 번식이 가능했다. 이러한 신에서 기운을 받아 생명체는 다시 번식되기 시작했다. 이러한 기운의 뜻으로 달라진 다른 모습의 생명체가 그때 다시 많이 나타났다. 그동안에 있는 것도 태어나고 앞으로 50년 안에 눈으로 볼 수 있을 것이니 너희는 어떻게 하더라도 사는 길만 찾으면 된다.

5 — 인류의 멸망과 변화기

이제 인류는 곧 멸망하게 될 것이다. 인류 멸망은 전설처럼 내려온다. 과거의 세상에서도 이런 일은 많이 있었다. 세상이 끝없이 존재할 수 있었던 건 결국 세상이 끝없이 죽고 났기 때문이다. 너희는 인류에 관심을 가져야 한다. 자기 자신을 구하고자 하지 않는 자는 모두 죽을 것이요, 진리가 아닌 거짓에 의지하는 자들은 그 일로 인해서 모두 멸망할 것이다. 나는 언제든지 내 말 중에 거짓이 있다면 나는 그 말에 대해서 책임을 질 것이니, 궁금한 점이 있다면 질문해 달라! 이 시대 가장 큰 문제는 신神이다. 인간의 의식이 급격히 망하고 있는 것은, 인간의 세계에 신들이 많이 출현하고 있기 때문이다. 진정한 하늘의 신들은 인간과 접근하지 않으며 깨달은 자를 통해서 그들의 의사를 전달하고 있다. 인간이 진리를 통해서 깨닫기를 원하고 있다. 세상의 일은 간단하게 보면 매우 간단하게 이해할 수가 있다. 마치 수학문제처럼, 수학문제를 보면 골치 아프지만, 문제를 하나하나 풀다 보면 그렇게 어려운 게 아니다. 진리를 수학의 공식처럼 배우면 모든 것이 비슷하다. 문제를 알고 풀게 되면 다른 문제는 쉽게 이해되고 볼 수 있다. 수학을 알기 위해서는 먼저 숫자를 배워야 한다. 숫자를 모르는 자는 수학의 문제를 봐도 알아보지 못하는 것처럼, 진리도 있는 일을 놓고 배우지 않으면 알아볼 수 없다. 진리 속에는 너희가 원하는 모든 길이 있다.

Q 세상에 얼마나 많은 사람이 깨달음을 얻었는지요?

승: 아직 내가 설명한 대로 깨달음을 어떻게 얻는지 세상에는 설명한 자가 없으며, 네가 질문을 했으니까 대답하겠다. 깨닫고 싶으면 먼저 진리를 배워라! 깨달음은 너 자신을 통해서 찾아야 한다. 세상에는 하나의 원칙이 존재해 왔고, 이 원칙 속에 있는 일들은 진리 속에 있는 일로 생기게 된다. 모든 세계에 너희가 원하는 일을 밝힐 수 있으니, 가지고 있는 문제가 있다면 질문하라!

Q 선생님은 이 세상에 와서 무엇을 가르치십니까?

승: 세상에 진리가 존재하는 이유는 뜻과 인연을 통해 모든 것을 얻을 수 있어서다. 나는 그것을 가르친다. 너희가 미래를 외면하고 미래를 다른 사람에게서 얻으려 한다면, 그것은 영원한 꿈이 될 것이다. 삶은 장난이 아니다.

Q 인류가 지금 위험에 직면하고 있다면 왜 그렇습니까?

승: '있는 일'이 그렇게 만들고 있다. 지금 이미 인간들이 자행해 온 환경 파괴는 중력대에 문제를 초래했다. 이 문제는 문명이 발달하게 되면 예정되어 있는 일이었다. 하지만 그 정도가 심각한 지경에 이르러 있다.

Q 그러면 세상이 전부 날아간다는 말씀입니까?

승: 엘니뇨나 라니냐 현상이 대표적이다. 지금은 기상이변 정도로 나타나고 있으나, 중력대의 이동이나 변화 현상이 점점 커지면, 지진이나 해일 현상과 지각 변동으로 인하여 인류가 멸망한다.

Q 중력의 변화라는 건 무엇입니까?

승: 중력은 기체 에너지에 의해서 공간에 형성되어 있으며, 중력 대의 힘이 상실되면서 중력이 제 기능을 잃게 되었을 때 앞에서 말한 현상들이 나타나게 된다.

Q 중력이 불균형해져서 중력대에 문제가 생긴다면 그건 영靈의 문제입니까?

승: 중력대의 힘이 존재함으로서 지진이나 지각 변동과 해일 현상 같은 것들이 자제가 되고 있다. 중력의 힘 때문에 지표면의 상태가 평온하다. 하지만 중력대에 구멍이 생기면 지상으로부터 엄

청난 폭발이 일어난다. 지상을 억누르던 중력이 구멍이 생기면서 그 구멍 쪽에 있는 것들이 활동이 시작한다. 이 활동 때문에 영혼들이 죽고 자기 속에 있는 애착이 높이 올라가질 못하고, 이 지상 쪽에 머물고 있다. 그런데 그게 파장 안에 들어가면, 불과 해일 현상에 의해서 그 영체들이 전부 파괴되어서, 자체에 존립했던 일들이 전부 사라져 버린다. 한 생애는 모체에 있던 일로 인하여 태어나서 죽고, 자신 속에 있던 영체가 모든 기능을 상실하면서 끝나는 것이다.

Q 변화기 동안에 고도의 정신을 가진 사람과 순수한 사람들이 산다고 했는데, 생존한다는 말입니까?

스승: 그 당시에 죽더라도 그 영체는 파괴되지 않는다.

Q 몸이 죽더라도 말입니까?

스승: 극소수의 생존자와 몸이 죽더라도 영체를 통해서 생존하는 두 종류가 남게 된다. 이런 것을 이해하려면, 있는 일을 계속 관찰하고 나의 말을 들어야 가능하다. 세상에는 이미 모든 문제가 있다. 그리고 그 문제에 대한 답도 모두 이미 있다. 생명체들이 거의 세상에서 사라지게 될 것이지만, 살기를 원하는 사람은 살 수가 있다.

Q 일반 사람들도 깨달으면 성인처럼 될 수 있는지요?

승: 인류에는 지금까지 5천 년 동안 네 사람의 성인이 태어났었
으나, 네 사람 중에 석가모니 한 사람만 완전한 자기완성에 성공
했다. 나머지 세 사람 중 두 사람은 인간들에 의해서 죽었고 한 사
람은 세상을 혼자서 방황하다가 돌아갔다. 나는 어쩔 수 없이 이
시대에 태어나야 했고, 이 시대에 가장 진실한 자로 살아야 했다.
인간들은 환상 속에서 자신이 깨어지는 것을 두려워한다. 인간 스
스로 깨달아서 새로운 자기로 태어나지 않는 한, 자신을 구하는
일은 힘들 것이다. 나는 하늘과 땅과 신들 앞에 맹세하니, 살기를
원하는 자는 살 것이다. 나의 가르침은 지금까지 존재하는 어떤
가르침보다도 앞서고, 내가 가지고 태어난 증거는 완벽하다. 내 말
에 대하여 의심이 있으면 이 자리에서 묻고, 또한 자신이 이루지
못한 소망이 있으면 말해보라.

Q 말세에 태어나서 가만히 종말을 기다려야 할까요?

승: 시곗바늘이 12시를 지나면 다시 1시로 가는 것처럼, 세상도
계속 반복된다. 지금까지의 예언자들이 종말이라고 말하는 것들
은 실제로 지구의 종말이 아니다. 한 주기의 세상이 끝나는 것일
뿐이다. 모든 문명사회가 태초의 세계로 돌아가는 과정에 일어나
는 일을 변화기라 한다. 하지만 인간들이 다 죽는 것이 아니라, 변
화기가 새로운 세상을 여는 문이니 똑같은 세상이 재현된다. 세상

은 오랫동안 인간이 주체가 되어서 존재해 왔다. 하지만 이런 세상이 지금만 있는 게 아니다. 만 년 전에도 이런 세상이 있었고, 2만 년 전에도 이런 세상이 있었다. 이런 변화기가 6천 년이나 8천 년을 주기로 세상을 열어온 것이다. 인간의 영혼은 기운에 의식이 붙어 있는데, 이 의식도 악업이 많으면 자꾸 내려오고 가벼운 것은 뜨는 성질을 가지고 있다. 물에서 보면 그 증기가 증발력이 세면 셀수록 높이 올라가고, 무거워지면 비가 돼서 다시 물로 돌아온다.

Q 만물을 존재하게 하는 근원은 무엇입니까?

승: 기운은 에너지이며 세상일을 존재하게 한다. 만물을 존재하게 하는 근원에 어두운 의식이 붙으면 무게가 실리게 된다. 그래서 높이 올라가지 못하기에, 이 변화기의 활동으로 의식 자체가 자기를 상실하지만, 너희가 열심히 깨우치려고 노력하고 자꾸 깨달으면 이 악업을 중지시킬 수가 있다. 이럴 때 자기의 영체는 높은 세계로 올라가는데 변화기에 닿는 파장은 수십 km에 불과하다. 그 이상에 올라가는 영체는 파괴되지 않는다. 영체만 존재하면 좋은 세상이 올 때 스스로 부활하고, 그 영체의 힘이 강하면 강할수록 영체인 상태에서 오래 머물 수 있다. 업을 완전히 정지시킬 수 있으면, 영원한 생명의 세계에서 5백 년이나 천 년까지 태어나지 않고 기다리다 태어날 수도 있다. 그리고 나와 같이 완전한 해탈에 이르면, 5천 년이나 만 년을 태어나지 않은 상태에서 최고의

세계에서 머물 수가 있고, 자기가 선택해서 이 세상에 내려올 수가 있다.

Q 어떤 과학자들이 3천만 년 전에 한국에 공룡이 살았다고 하는 것은 어떻게 보시는지요?

승: 그것은 그들의 추측과 생각이다. 지구상에서 누구도 밝힐 수가 없으며, 현실에서 검증되고 확인된 건 아니다.

Q 우주가 언제 생기게 되었습니까?

승: 지구가 생성된 것도 수십억 만 년, 수백억 만 년 전이었는데, 우주가 생긴 일을 말한다면 거짓을 말하게 된다. 그러면 여기에 대해서는 분명히 말하겠다. 이 지구에 어떻게 생명체가 존재하고 살고 있으며, 세상은 언제까지 존재할 것인지, 세상은 어떻게 존재했는지에 대해서 말하겠다. 우리는 어떻게 어디서 났으며, 생명의 근원은 무엇이며, 이 생명체의 미래는 어떻게 되는지는 짧게 말하겠다. 아직도 과학자의 세계에서나 일반 종교계에서는 이런 일을 모르고 있다. 내가 설명하는 것은 진실이다. 세상에서 밝혀지지 않은 일이고, 오직 이곳에서만 가르치는 일이다. 세상은 하나의 법칙 때문에 존재하고, 이 법칙을 통해서 만들어진 게 반복 현상의 원리이다. 이 세상의 모든 것은 반복되고 있다. 사람은 대략 70년이나 80년 수명으로 계속 나고 죽고를 반복한다. 벼도 5개월이나 6

개월을 주기로 나고 죽고 반복하고, 나무는 몇 백 년을 계속 피고 지면서 번식과 생존을 반복한다. 지구는 약 6천 년을 주기로 해서 반복 현상을 일으키게 된다. 이 그림을 보면 여기에서 시작하고 이쪽으로 돌아서 간다.

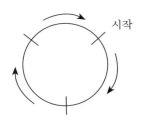

시작

그러면 어떻게 이쪽으로 돌아가는지가 궁금할 것이다. 지구는 앞으로 반복 현상의 주기에 놓인다. 이것을 변화기라 한다. 엘니뇨 현상이 지구에서 일어나고 있는 이유도 중력대에 이변이 생기기 때문이다. 중력이 모이면 엄청난 기운이 세력을 만들어내기 때문에 중력이 약한 곳에서는 지진이나 화산 활동 등 이변이 일어난다.

Q 현재 일어나는 가뭄과 홍수 같은 것이 이변입니까?

스승: 중력이 심하게 모이는 곳에서는 구름을 끌어와 홍수를 초래한다. 반복 현상의 원리에 의해 지각 변동, 지진 활동, 해일 현상을 일으키고 모든 생명체를 사라지게 하면 원점으로 돌아간다. 변화기 지구는 20~30년간 수천 미터의 파도를 맞고 뜨거운 불기둥이 솟아난다. 물과 불이 부딪치며 폭발하고 압력이 생기며 기운이 정

화된다. 이렇게 생기는 순수한 기운이 생명 에너지로 변화하고 여기에서 많은 생명체가 살아난다. 이 기운이 어떤 생명체로 이동하면서 생명을 부활시킨다.

Q 부활이란 다시 태어난다는 것입니까?

승: 한 알의 볍씨를 땅에 심었다. 씨는 지표면의 기운을 제 몸으로 흡수해 70개가량의 낱알을 만든다. 생명체는 주변의 순수한 기운을 받아들여 계속 활동한다. 어느 정도 시간이 지나면 우리가 배운 문명이 진행돼 오늘날에 이를 것이다. 문명이 고도에 달했을 때 다시 변화기가 오고 원시로 돌아간다.

Q 우리는 어디에서 와서 어디로 가는 것입니까?

승: 생명의 근원은 기운이라고 말하고, 기체나 에너지라고도 말한다. 그런데 모든 에너지가 생명으로 변화하고 진화하는 것은 아니다. 아주 고도의 순수성을 가진 에너지는 어떤 생명체와 결합하면 거기에서 생명의 세포로 변하고 그 뜻으로 생명체가 나타난다. 사람들이 어디서 태어나는지 이 문제에 대해서 궁금해하고 질문을 많이 하는데, 세계에서 유명한 인도의 대학 총장이 나에게 물었다.

'선생님! 나의 영혼은 어디에 있습니까?'

영혼이 어디에 있는지 가르쳐 주기 위해서 이렇게 물었다.

'콩은 어디서 나던가?'

'콩은 콩에서 나는 거 아닙니까?'

'너는 너에게서 태어난다.'

생명이 태어나서 죽고 영혼이 죽으면 영체가 가지고 있는 기운은 무無가 된다. 이 무無라는 말을 보고 불교에서는 공空이라고도 하는데, 공이라는 것은 아무것도 없다는 것이다. 아무것도 없어졌을 때 다시 하나의 생명과 생명체와 연결되어서 태어난다. 그래서 내가 대학 총장에게 물었던 이유는 '콩이 어디에서 나는가? 너희는 어디에서 났느냐?' 하고 물으면 부모에게서 났다고 대답한다. 부모님이 누구냐? 김 아무개다. 그러면 너는 누구냐? 김 아무개다. 그렇게 보면 부모님에게서 난 것은 맞는데, 콩은 어디서 났느냐? 누가 봐도 땅에서 난 것이 맞지만 정확하게 보면, 콩을 땅에 심었기에 콩이 났다. 즉 땅은 콩의 바탕이다.

Q 부모님의 몸을 빌려서 세상에 나올 수 있는 것입니까?

승: 부모는 바탕이며 자기自起는 자신自身의 영혼이 죽으니 아무것도 없는 기운이 된다. 이 기운이 부모의 몸을 빌려서 다시 생명으로 잉태한다. 수많은 생명의 근원은 변화기를 통해서 일어나는 엄청난 기운의 소용돌이 속에서 만들어진다. 에너지가 그 부딪침 속에서 정화되고, 정화된 에너지 속에서 생명이 생기는데, 인연을

만나야 나타나게 된다.

'너는 어디에서 났는가? 나는 나를 통해서 났다. 너를 낳아 준 사람은 누구냐? 부모는 나를 세상에 날 수 있도록 몸을 빌려주어서 내가 태어났다.' 이렇게 설명하는 것이 정답이다.

Q 기도하면 신이 점지해서 자식을 얻는다고 하는 사람들의 말이 선생님이 보시기에 가능한 것입니까?

승: 확인할 수 없는 것을 말하는 사람들은 거짓이다. 오늘날 이 시대를 살아가면서 가장 경계해야 할 일은, 만일에 무엇을 물었을 때 이해되지 않는 말을 하거나 수억만 년 전의 일을 대답할 수 있는 사람이 있다면 의심해 보아야 한다. 1999년에 세상이 망하고 나서 새로운 세계가 시작된다고 말한다면 거짓말이다.

Q 요즘 사람들은 2천 년대는 어떤 일이 일어나게 될 것이라고 말하고 있는데 어떻게 보시는지요?

승: 세상은 상당한 기간을 두고 주기적으로 변화해 왔다. 이 변화로 인해서 인류는 끝없이 존재하고 있다. 몇 십 년 후 변화기가 도래한다. 변화기 이후에도 인류는 존재한다. 변화기는 새로운 인류를 존재하게 하는 포석이다. 인류는 새로운 인류를 맞이하기 위해서 변화기를 세상에 있게 한다. 세상은 변화기를 통해서 인류를 끝없이 존재하게 했다. 새로운 인류를 존재하게 하는 시작이니, 죽

음과 시작은 같은 것이다. 죽음 뒤에는 삶이 있고 삶 뒤에는 죽음
이 있다. 그러니 이 변화기가 반복 현상을 존재하게 해서, 끝없는
인류를 세상을 통해서 있게 하는 길이다.

Q 만일에 이러한 변화기로 인한 종말이 오지 않는다면 어떻게 되는
것입니까?

승: 많은 인구와 발달한 문명은 모든 자원을 고갈시켜 지구를 생
명체가 존재할 수 없는 곳으로 망칠 수 있다. 생명체가 존재하지
않으면 변화를 일으키는 원인이 존재하지 않으므로 물도 분해되
어 버릴 수 있다. 세상에 있던 물과 땅속에 있는 불이 사라지고 죽
음의 땅이 되는 것이다. 변화기가 없다면 지구는 생명체가 존재하
지 않는 우주의 위성 중 하나에 불과하게 될 것이다. 이 변화기가
존재하므로 생명이 존재하고 법이 존재하며 세상이 존재해 왔다.

Q 선생님께서는 있는 것을 본다고 하시는데, 책을 보지 않고 무엇을
보십니까?

승: 내 집에 가면 내 방에 책이 없다. 사람들이 임상 실험의 문제
를 알려고 탐구 노력했던 사실들이 있다면 거기에는 관심을 가진
다. 하지만 어떤 가설은 절대 믿지 않기에 나의 의식에는 생각이
없다. 그래서 어디든 그냥 누우면 뇌가 움직이고 머리에 있는 기
운이 움직여도 절대 생각은 일어나지 않고 의식은 밝아진다.

Q 무엇을 알고 싶으면 어떻게 합니까?

승: 내가 알고 싶으면, 삼매三昧에 들어서 나의 의식이 무엇이든 지 추적해낼 수 있다. 먼저도 말했지만, 인류의 시작과 끝은 인간 이 태어나고 죽는 일을 끝없이 반복하게 했다. 한 인류가 망하고 태어나고 죽는 것도 반복되고 있는데, 이건 과거에도 있었고 미래 에도 있고 계속 있게 되는 일이다.

Q 요즘 방송에서나 TV에서 오존층에 이상이 있다는 말들을 많이 하 고 있는데, 그러면 어떻게 됩니까?

승: 오존층에 대해서 좀 더 정확한 자료를 갖게 된다면 말할 수 있지만, 오존층이 파괴되면 세상에 있는 기운들이 밖으로 빠져나 갈 수도 있다. 중력은 생기 활동이 왕성하지 않으면 약화된다. 어 떤 물질의 활동 때문에 지구 공간에 기운이 생성되고 충족된다. 기운은 생명의 활동을 도와주고, 생명은 활동을 통해서 이 기운을 만든다. 일정한 중력이 존재함으로서 화산 활동이나 해일이나 지 각 변동을 억제한다. 인간의 문명이 갑자기 발달하면서 엄청난 산 림의 훼손과 공해가 발생하고 있으며, 공해는 오존층에 영향을 미 치고 있다. 산림의 훼손은 생명 활동의 기氣를 약화시킨다.

Q 변화기의 실체는 무엇입니까?

승: 요즘 사람들은 움직이지 않는다. 동물도 가둬 놓고 키우는데, 동물이나 사람이나 움직이지 않으면 육신이 비만해진다. 육신만 비만해지는 게 아니라 정신적으로도 비만해진다. 그러면 활동이 힘들다. 이런 현상은 중력대에 영향을 미치고 기운이 약화되어 중력이 지각 변동과 해일 현상의 원인을 만들어서 인류를 몰락하게 한다. 과거 인류의 문명이 발달하자 인간의 생활이 타락하고 진실의 가치가 상실되기 시작했을 때 변화기가 일어났다.

Q 윤회해서 지금 변화기에 이르렀다고 하셨는데, 생명이 사라지고 난 후에 영생한 생명, 즉 작은 미물부터 인간에 이르기까지 이 존재들은 어떤 과정으로 지구에 다시 나타나게 되는지요?

승: 과정의 핵심은 '반복의 반복'이다. 생명의 근원은 기운氣運이고, 이 기운이 환경을 통해서 계속 진화한다. 기운은 물체를 통하고 현상에서 발현한다. 변화기 후 20~30년간 모든 식물은 싹을 틔울 수 없다. 충분한 기운과 뜻과 접촉이 불가능하기 때문이다. 자기가 가지고 있는 기운이 상대의 기운과 단절되어 상대가 가지고 있는 것과 결합이 안 된다는 뜻이다. 뜻과 현상이 결합되지 않으면 이 소용돌이 속에서 뜻이 현상을 깨우지 못하고 현상이 뜻을 깨우지 못한다. 지각 변동과 해일 현상이 나타나고 있지만, 기운과 접목되지 못하고 이 세상에 있는 모든 기운이 죽어 버리기 때문에 그러한 기운을 얻을 곳이 없다. 그런데 영혼은 기운 속에 마음이 입력되어 있으므로, 마음이 흐트러져 버리면, 다시 윤회가 되어서

생명의 세계로 돌아온다.

Q 변화기의 현상이 의식계에 미치는 영향에 대해서 말씀해 주십
   시오.

승: 초가집이 불에 활활 타는데, 그 지붕 위에 고양이가 한 마리
있다고 치자. 그 고양이는 앞으로 어떻게 되겠는가. 대개 불에 타
죽겠지만 고양이가 지혜롭고 아주 건강하다면 불을 뛰어넘어 화
를 면할 수 있다. 또, 어떠한 물체에 압력을 가했을 때, 물체가 지
닌 힘이 압력을 견디지 못할 때 폭발한다. 공을 구둣발로 밟았을
때 펑~ 하고 터지는 것처럼. 그러니 이 현상계에 대변화가 계속될
때, 그 변화의 압력을 이기지 못하면 자멸하게 된다. 중력을 다시
원상복구해서 세상의 지각 변동을 멈춰야 한다. 공식에 따라 지구
의 구조역학에 의한 활동으로 해일이나 엘니뇨 등을 멈추게 하는
것이다.

Q 변화기를 피하는 방법은 무엇입니까?

승: 변화기를 모른다고 해결되는 게 아니다. 변화기의 비밀을 아
는 사람은 이 세상에서 나 하나뿐이다. 내가 왜 과학의 영역에 진
출하려 하겠는가. 좀 더 열심히 노력해서, 세상에 조금이나마 도움
이 되는 일을 하자는 것이다. 나는 너희의 힘이 필요하고, 너희는
나의 가르침이 필요하고, 너희의 힘이 나를 세계의 지식인 세계로

보내서 내가 세계에 우뚝 서면 그 옆에 너희가 서 있게 될 것이다.

Q 어떻게 지식인의 세계에 들어갈 수 있는 것입니까?

승: 실제 나의 능력은 세계의 모든 지식을 합친 것보다도 더, 인류가 모아놓은 지식보다도 앞서 있다고 보면 된다. 기능적인 일을 빼놓고 보는 시각적인 면에서, 인류에 태어난 자 중에서 최고라고 이렇게 말할 수 있다. 너희가 볼 때는 사실 '나의 이 말이 최고다' 이렇게 볼 수 없겠지만, 최고가 보면 최고다.

Q 누가 선생님을 최고의 지혜를 가진 사람이라고 볼 수 있습니까?

승: 너희는 세계적으로 아주 뛰어난 대학 총장이나 유명한 사람들이 뛰어난 줄 알지만, 그들은 자기가 하는 일도 제대로 물으면 하나도 모른다. 그냥 수많은 사람이 만든 책을 읽고, 자기의 생각을 보태서 이야기하는 것이다. 이야기하다가 안 되면 누가 무슨 말을 했다고 이런다. 그래서 네가 확인했느냐? 하고 물으면 말을 하지 못한다.

Q 변화기가 세상에 있었던 일이라면, 그것은 언제입니까?

승: 변화기가 6천 년을 기본 주기로 한다. 전문가들이 어떤 화석을 분석했더니 몇만 년 전으로 추정되고, 실제 높은 산꼭대기의

한 바위 밑에서 조개껍데기가 발견된 일도 있었다. 그 높은 산 위에 왜 조개껍데기가 있는지 생각해보라. 높은 산 위에 고기를 먹고 난 후의 뼈가 있었다고도 한다. 인도의 붓다가야에는 석가모니가 수행했다고 알려진 천축산이 있는데, 거기서 이런 게 나왔다. 고동 같은 물체 안에 무언가 들어가 껍질이 그대로 돌처럼 여물어진 것이다. 고동 안에 흙이 들어가 열을 받으니 단단하게 굳어져 고동 모양 그대로 존재하게 한 것이다. 땅을 파면 계속 나오는 것이라 상점에서 팔기도 하고 진열도 한다. 이런 증거는 6천 년 전에도 이 세상에 변화기가 있었음을 알려준다. 변화기가 없다면 세상은 지금껏 존재할 수 없었을 것이다.

Q 변화기가 반복 현상의 원리이고 윤회하는 현상이라고 보아도 되겠습니까?

승: 이 모든 세상의 반복 현상의 원리에 대한 말은 나만 한 것이 아니다. 석가모니도 윤회와 인과의 법을 말했다. 인과의 법은 어떤 일과 어떤 일이 만남으로써 어떤 현상이 나타나게 된다는 것을 두고 말한다. 좋고 나쁜 일은 인과의 법 때문에 생기게 되고, 나고 죽고 변화하는 것들은 윤회 때문에 이루어진다. 그래서 이 세상은 결국 인과의 법 때문에 끝없이 변화하고, 그 변화는 세상을 죽게도 하고 태어나게도 하는 역할을 한다.

Q 아무리 들어도 변화기를 잘 모르겠는데 구체적으로 설명해 주

세요.

승: 익은 벼는 쓰러진다. 하지만 다시 싹을 틔운다. 나락이 익었
는데 쓰러지지 않는다면 다음 해 수확은 기대할 수 없게 된다. 세
상도 같은 이치다. 왕성한 기운이 자연계의 변화 때문에 서서히
약해지면 중력대에 영향을 미친다. 그 파장으로 세상엔 많은 이변
이 일어난다. 이 변화기가 물과 불에 의해 일어나는데, 땅속에 있
는 불덩어리가 폭발하면서 지상으로 올라오는 화산 폭발이나 지
각 변동이나 지진 현상을 일컫는다. 물은 해일을 일으켜 수천 미
터의 파도로 문명을 쓸어간다.

Q 해일의 영향이 닿는 지역의 생명체는 사라지면 다시 반복될 수 있
습니까?

승: 변화기의 활동이 지나가고 나면, 태초와 같은 현상에 직면하
게 된다. 땅에 나락을 심었을 때 처음엔 작은 싹으로 시작해 자꾸
커서 열매가 맺히는 것처럼. 세상의 문명도 서서히 일어나고 수천
년 후 이 땅엔 오늘과 같은 현상의 문명이 있을 것이다. 그러면서
자연계에 변화를 일으키게 되고, 다시 새로운 변화기를 만나게 된
다. 자연은 이런 일을 계속 반복한다.

Q 자연이 반복의 원리이고, 윤회의 법칙입니까?

슺: 반복은 자체의 활동과 손실로 일어나는 현상이다. 기체는 우리 중력대에 가득 차 있는데, 어떤 기층과 기층 사이에 쌓여 있는 기운을 중력이라고 한다. 이 기운에 의해서 아래로 떨어지고 상승하는 일이 있다. 가벼우면 올라가고 무거우면 내려오는 것이 중력대의 법칙이다. 이 중력대에 변화가 생기게 되면, 결국 땅에는 기상이변이나 화산, 지진 활동이 일어나는 원인이 된다. 세상의 일은 정해져 있고, 원인이 없는 결과는 절대 일어나지 않는다.

6 ― 중력대의 변화

과거보다 많아진 현대인의 정신적 질병도 중력대의 이상을 일으
킨 원인이 아닐까? 중력의 모태는 활동이다. 가장 큰 충격은 변화
기 때 생기고, 중력의 유지나 생성에 필요한 것들은 만물의 활동
으로 생긴다. 현실의 일을 모두 관찰한 건 아니지만, 중력대의 균
형이 깨지는 이유는 여러 가지가 있다. 생명체의 활동에 균형이
맞지 않아도 중력대의 균형이 상실된다. 동물이 많아지면 탄산가
스 배출량이 늘어나고 식물이 많아지면 산소 배출량이 많아지는
것처럼. 이런 것도 중력의 균형을 맞추고 깨는 데 어떤 영향을 미
치는지 조사해 봐야 알 수 있다. 하지만 나는 어떤 이론을 제시한
것이지, 현실 속에 있는 어떤 데이터를 표본 조사를 통해서 발표
한 건 아니다. 내가 원칙과 이치로 한 말은 절대 틀리지 않는다. 지
구의 중력은 그렇게 계속 존재해 왔고 존재할 것이기 때문이다.

Q 지금 지구상에는 사실 자연적으로 많은 변화가 일어나는데, 실제
로 확실한 해결 방법이 있는지 말씀해 주세요.

승: 이 인류의 운명은 막아서도 안 되고 또 막을 수도 없다. 그러니 변화기 속에서 너희를 구하는 방법은 존재하고 있는 진리를 깨닫는 것이다. 내 말을 이해하기가 어렵겠지만 사실이다. 세상에 존재하는 모든 현상은 법칙으로 만들어지게 되고, 이 법칙은 존재하는 현상들로 인하여 나타나게 된다. 인간의 생명은 의식의 기운이 존재함으로서 죽고 나고 죽는 일을 계속하고 있다. 생활과 지혜로운 활동을 통해서, 이 의식을 영원한 최상의 생명의 근원으로 만들 수 있다.

Q 변화기의 현상은 삽시간에 세상에 일어나는 것입니까?

승: 그 일은 기층의 변화로 온다. 이 세상에는 생명生命과 기氣와 신神의 흐름 속에서 중력이 형성되고 중력의 파장으로 해일 현상과 지각 변동이 일어난다.

Q 그러면 오래가지는 않겠네요?

승: 20년이나 30년으로 본다. 그 기간 안에 엄청난 파장 속에서 힘이 갈라지고 소용돌이가 생기며 기운이 일어난다. 계속 진화함으로써 신神이 나오고, 세상에는 뜻이 존재하게 되었다. 법法이 서면서 기운은 계속 진화하고 만물이 소생한다. 영생을 얻는 자는 이 소용돌이에서 벗어나 있다. 이 대기 안에 새로운 생기가 가득 찼을 때, 자연적으로 그 기운에 의해서 중력이 다시 생긴다. 그러

면 지각 현상이나 해일 현상이 멈추고 화산 활동이 중지되고 지표면이 안정되기 시작한다.

Q 힘이 균형을 잡았을 때요?

승: 이러한 원리에 의해서 세상은 존재하고 또 존재하게 된다. 개인적으로 이러한 것을 알고자 할 때는, 너희가 무엇을 질문하는지를 내가 알 때, 나도 정확하게 대답할 수 있다. 너희가 어떠한 세상을 원하는지 그 세상을 보고 내가 답해야 한다. 그런데 만약 너희가 '나라가 어떻게 되겠소?' 하고 물으면 그것은 사람 속에 달려 있으니까, 망한다거나 흥한다는 이 말은 할 필요가 없다. 너희가 어떻게 살아갈 것인지는 스스로 정해야 한다. 너희가 어떻게 하는지에 따라서 세상은 달라질 것이다. 너희가 할 일을 제대로 하면 안 망할 것이다.

Q 너희라는 것이 얼마만 한 숫자인지요?

승: 너희라 하는 것은 결국 사람 속에 세상이 존재한다는 것이고 사람의 일에 따라서 달라질 수 있다.

Q 지구에 변화기가 국가별로 온다면 더욱 처참할 나라가 있겠습니까?

승: 좋은 질문이지만 땅이 어느 쪽에서 갈라질 것 같냐고 묻는 것과 똑같다. 지각 변동이 일어나는 변화기는 지금까지 수없이 되풀이되는 일이다. 그런데 내가 과학자들의 세계나 물리학회 같은 데서 묻고 싶은 것은, 왜 인류의 기록 속에 이런 게 전해지지 않았는가다. 세상 사람들에게 이런 진실이 전해진다면 지금보다 더 현명해졌을 것이다. 하지만 사람들에게 소중한 진리를 훼손했기에 전부 어리석어졌고 삶 자체를 소중하게 생각하지 않는다. 변화기가 일어날 때 발생하는 수천 미터의 해일 현상에 의해서 모든 건 사라진다. 그때 화산 활동과 지각 변동과 지진 현상이 일어난다. 삽시간에 도시가 무너지고 육지가 가라앉고 도리어 바다에 새로운 육지가 생기며, 생명체가 사라진다.

Q 지역에 따라서 솟아오르는 곳은 안전하지 않을까요?

승: 어떤 나라는 피하고 어떤 나라는 괜찮다고 말할 수가 없다. 내가 자주 말하지만, 수천 년 전 변화기 때 인도의 붓다가야 쪽은 평평한 평지였다. 그런데 산이 하나 솟아올랐다. 지금도 그 산을 파면 고동 같은 게 살아 있는 거와 같고 용암 같은 게 들어가서 돌덩이처럼 던져도 고동이 안 깨진다. 이런 불가사의한 일들이나, 어떤 지질을 파면 화석이 나오는데, 거기서 보면 다른 게 들어 있다. 이런 건 변화기의 현상에서 나타났던 일들이다.

Q 기독교의 '노아의 방주'는 어떻게 보시는지요?

승: 비가 많이 와서 세상이 물에 잠겼을 때 배를 한 척 만들었다는 이야기인데, 그건 소설이자 거짓말이다. 변화기의 이야기를 듣고 사람들이 지어낸 것이다. 이때 살아남은 자는 자기 영혼을 통해서 끊임없이 부활하고, 과학 문명을 통해 이삼십 년간 지구를 떠났다가 다시 돌아오기도 가능하다. 과학 문명을 통해 삼사십 년이나 우주를 여행하려면 식량, 물, 산소가 필요하다. 아무리 큰 배라도 몇십 년을 버티기란 어려울 것이다. 혼자선 그 큰 배를 움직이지도 못할 것이다. 자료만 있다면 어떻게 해결했다는 것인지 알아보려고 한다.

Q 문제의 해결을 위해 어떻게 알아볼 수 있습니까?

승: 이를 알아보고자 한다면 현대 문명의, 그것도 가장 첨단 기술에 대한 지식을 가진 이들을 만나야만 한다. 그들이 가지고 있는 자료와 지식으로 문제를 풀 수 있다. 어떤 상황에서 어떤 기구를 이용해서 기체를 모으고 그걸로 또 어떻게 물을 만들고 산소를 만드는지는 그들의 자료로써 확인해야 한다. 현대 문명은 이런 일에 아직 크게 관심을 두지 않는다. 내가 쉽게 말할 수는 없지만, 앞으로 10년간 지구상에는 지난 100년 동안 일어났던 문명보다도 훨씬 빠르고 고도화된 문명이 나타날 것이다. 그리되면 그때 가서 이런 문제에 대한 해결이 있을지도 모르겠다. 달이나 어느 곳에 이주해 가서 몇만 명이나 몇십만 명 정도는 살아남을 수가 있다. 그 이후에는 최후로 살아남을 수 있는 영체에 의해서 인간 탄생이

가능할 것이다. 하지만 모체가 있어도 거기에 결정체가 없으면 나올 수가 없다. 땅은 모든 생명의 모체이지만, 땅이 있어도 사과 씨앗이 없으면 사과나무를 볼 수 없다.

Q 시험관 시술로 난자와 정자를 결합해 생명을 탄생시킬 수 있을까요?

승: 어떤 생명의 근원 인자가 그 속에 들어가지 않는다면, 건강한 생명이 탄생한다는 것은 사실 불가능한 것이다.

Q 현재의 세상은 어떻게 되는지, 그리고 변화기의 비밀은 무엇입니까?

승: 세상이 부패하면 망하게 되어 있다. 세상이 변화기를 통해서 새로 태어나고자 하는 이유도 인간 세계의 횡포가 너무 심해졌기 때문이다. 여담으로 들어 넘겨서는 안 된다. 지금부터 50년 전, 멀리는 100년 전만 해도 인구가 조절되었다. 장질부사라는 질병이 한번 오면 온 동네 아이들을 전염시키고 지나갔다. 어떤 때는 온 동네가 전염병에 의해서 전부 죽어 나갔다. 인구의 문제를 자연에 맡긴 것이다. 그런데 변화기를 앞두고 전염병이 돌자 인간은 백신을 만들고 전염병은 유행병처럼 잠시 왔다 간다. 인구는 폭발적으로 증가해 왔고 문명은 급속도로 발전해 왔다. 비행기 한 대가 공중에 뜨려면 수만 가지의 부품이 필요하다. 많은 사람이 어떤 여

유를 가질 때 이런 데 눈을 뜨게 된다. 그래서 이런 일을 감당할 수 없는 세상은 스스로 자기를 죽이고 새로 태어나려고 한다. 이것이 변화기의 비밀이다.

7 — 미래의 세상

30년이나 혹은 50년 후 살아남을 수 있는 인간은 몇 안 된다. 대략 5만 명 정도 예측한다. 너희가 만일에 열심히 자기를 완성한다면 살아남게 될 사람 중의 하나가 될 것이다. 그러나 몸을 가지고 살아남는 것은 너무 어렵다. 변화기가 오면 식량의 자급자족이 불가능해질 것이기 때문에 실제 살아남는 생명체도 일시적인 수면 상태에 들어갈 것이다. 이는 생명공학으로 개발되겠고, 살아남는 사람 중 몇 명의 뛰어난 과학자와 질 좋은 유전자가 새로운 인류의 탄생을 만들 것이다. 냉동상태를 유지하는 기계나 로봇이 고장 나도 자동으로 고칠 수 있는 시스템도 만들어질 것이다. 그것은 우주의 한 가운데 떠 있다가 어느 일정한 시간이 지나고 나면 스스로 계산에 따라 자동으로 지구로 귀환할 것이다. 수면 중이던 인간이 30~40년간의 수면을 마치고 깨어나면 그를 조정할 자 한두 사람이 깨어 있다가 수면 상태에 들어갈 것이다. 그런데 그것은 자기의 기운을 신체에 보존한 채 깊은 잠에 빠지는 형태다. 호흡을 멈춰 버리기 때문에 모든 세포가 그 환경에서 잠든 상태이고 일시적인 활동으로 세포의 부패가 없는 상태로 정지됐기에 먹을 필요가 없다. 모든 게 일시적인 정지가 온다. 시간이 되어 깨어나서도 정자만으로는 인간의 창조가 불가능하다.

Q 그 대상은 뛰어난 과학자입니까?

승: 위성을 타고 그 속에서 수면 상태에 들어갈 수 있는 것은 매우 뛰어난 과학자들이 그 시험의 대상이 될 것이다. 살아서 몇십 년이나 로켓이 엄청난 연료와 식량을 싣고 존재한다는 건 거의 불가능한 일이다.

Q 미국인들이 만든 영화로 TV에도 여러 번 방영되었는데 '혹성탈출' 아시는지요? 우주인들이 외계에 갔다 왔는데, 이 지구는 이미 멸망해 사람이 아닌 원숭이들이 지배한다는 내용의 영화인데요. 주인공이 우주선에서 나오는데 우주선 앞으로 별이 막 지나가는 장면이 나옵니다. 캡슐 속엔 세 사람이 자고 있고, 지구의 연도는 2057년입니다. 지구를 떠난 지 삼십몇 년이 지났으나 실제로 우주선 안에선 4개월가량만 지났을 뿐인 상황입니다. 그러면서 주인공도 캡슐에 들어가 누워 뚜껑을 덮고 잠이 들었는데 다시 일어났을 때 캡슐 4개 중 한 개에 들어 있던 사람이 완전히 해골로 변해 버렸습니다. 살펴보니 유리에 금이 가 있었습니다. 세 사람은 살아서 지구로 오고, 우주선은 자동항법장치에 의해서 휴스턴 우주기지에 도착하는데 그 땅은 이미 완전히 바다가 돼 버리고 우주선은 착륙할 곳을 찾지 못해 빙빙 돌다가 바다에 추락합니다. 영화

는 거기서부터 시작합니다.

승: 지금으로부터 20년 후에는 엄청난 과학의 문명이 존재하게 될 것이다.

Q 조금 전에 이야기했듯이 다시 돌아오는 장소를 알 수 있는지, 변화기가 어떤 식으로 형성이 될지는 모르잖아요.

승: 변화기 때 나타나는 것은 대부분 지각 변동과 해일 현상인데, 이번에도 마찬가지로 그렇게 된다. 과학자들은 하나의 문명이 존재하다 사라지는 것을 목격하지 못하고 그 시대의 기록도 없다. 그러니까 어떠한 상태로 나타났는지 장소는 모른다. 하지만 나 같은 사람은 영적 나이가 수만 살에 가까우니까 그것을 추적하는 게 가능하고 기억해낼 수가 있다.

Q 과거의 의식 속에 들어 있기 때문에 결국 그런 공상과학도 만들어진 것 아닙니까?

승: 그렇지만 인간의 상상 속에서 존재할 수도 있으니까 나는 중생들이 어떠한 것을 보고 썼는지, 직접 만나보기 전에는 모른다.

Q 여래님이 오신 이유는 우리가 변화기에 접어들었기 때문이죠? 변화기에 산 생명은 어떻게 될 것인지, 만약에 여래님을 따르던 사

람의 영혼은 어떻게 되겠습니까?

승: 나는 길을 가르쳐 줄 뿐이다. 나의 말을 소중하게 받아들인 사람들은 죽어서 죽지 않는다. 나의 말을 소중하게 받아들이고 이것을 알려고 노력한다면, 세상에 그러한 길이 있는 것을 스스로 보게 될 것이다. 나는 나 혼자 아는 지식은 지식이 아니라고 말한다. 사람들도 그러는데 '당신 혼자 많은 것을 알고 있는 것은 세상에서 별 그렇게 필요하지 않을 것'이라고. 너희가 3년 동안만 열심히 노력한다면, 스스로 모든 것을 알 것이다. 그동안 열심히 이곳에 나온 결과로 가정의 불화도 없었을 것이고, 과거보다는 조금 더 현재 생활에 더 충실해졌을 것이다.

Q 여래님을 따르던 사람이 만일에 3년을 배웠는데, 죽어버렸다면 어떻게 될까요?

승: 하루라도 나의 얼굴을 보고 죽었다면, 그의 영혼이 지옥에 간다고 해도 다른 영혼들이 우글우글 몰려들어 나의 이야기를 듣고자 난리를 칠 것이다. 이것은 매우 중요한 이야기이다. 만일의 경우 너희가 이곳에 온 보람이 세상의 삶과 죽음을 통해서 나타나지 않는다면, 내가 무엇 때문에 땀을 줄줄 흘려가며 이렇게 고생하고 쩔쩔매겠느냐? 실제로 아는 사람은 알겠지만, 나는 깨달음을 얻기 전에는 마음만 먹으면 그 능력이 밑바닥 세계부터 상류 세계까지 다 통한 사람이었고, 이 나라에서는 무엇이든지 할 수 있는 사

람이었다. 그런데 내 몸에 변화가 오기 시작하니 세상에서 최고의 무능한 자가 되었다. 진실한 자와 생활하고 같이 이렇게 배우고 토론했는데 생활이 나빠졌다면 믿어지지 않는 일 아니냐? 생활은 나아졌고 마음이 매우 좋아졌다. 자신의 문제에 걱정하고 큰일을 안 당하고 큰 어려운 것은 없다는 것이 사실이고, 항상 열심히 살려다가 보니까 큰 병도 안 온다.

Q 변화기가 지나간 후 미래의 세상은 어떻게 됩니까?

승: 세상 자체는 이미 모든 일을 기억하고, 기억은 재현된다. 내가 구원하건 구원하지 않건, 미래의 세상은 존재하게 된다. 자신을 구하고자 할 때, 나는 오직 그 길을 안내해 줄 수 있다. 너희 자신이 자신을 버린 상태에서, 나보고 모든 일을 해결하라면 그것은 불가능한 일이다.

Q 인터넷에 연결하면 세상의 종말이 언제 도래하는지 정확하게 알고 사람들을 우주의 다른 공간에 옮겨 놓을 수 있는 사이트가 있다고 합니다. 2008년까지 우주선으로 일반인들의 여행을 실현하는 계획을 추진 중인데, 1인당 요금은 20만 달러라고 합니다.

승: 사람이 특정 공간으로 이동해 살려면 물과 공기가 있어야 하고 식량이 필요하고 에너지도 공급돼야 한다. 물과 공기가 없는 상태에서 휴면 상태에 들고, 정자를 냉동 보관했을 때 이 정자가

깨어나서 다시 생명 활동을 계속할 수 있는 것처럼, 어떻게 기구가 만들어지는지, 이론적으로 가능한지 확인해야 한다. 나는 오직 세상일에 눈을 뜬 자이지, 세상에서 어떤 일이 이루어지고 있는지를 보지 않은 상태에서는 어떤 것도 말할 수 없다. 네가 말한 질문 가운데 하나는 내가 본 것과 같은데, 두 개에 대해서는 근거 자료가 불확실해서 지금으로서는 대답할 수가 없다.

Q 종말의 시기가 언제 오는지 알고 있다면 언제라고 말씀하실 수 있습니까?

승: 나는 알고는 있지만, 그것을 언제라고 말할 수 없는 것은, 만일에 사람들이 이런 것을 말하게 되었을 때, 확인 결과 그것이 맞는다면 일대 혼란이 일어날 것이다. 혼란을 막고 구원받을 수 없는 사람들에게는 죽는 날까지도 종말을 모르고 사는 게 오히려 도움이 될 것이다. 하루의 삶을 살더라도 그 사람들에게는 종말 현상이나 세상의 일이 바로 알려지지 않는 게 도움이 되기 때문에, 나는 이런 세상의 일에 대해서 결정적인 것은 특별한 경우에만 말한다.

Q 모든 생명체의 삶이 나오고 성장하면서 멈추고 쇠퇴하는 주기가 있다고 하셨는데, 그렇다면 이 인류 문명에서 문명이 새로 시작되고 진행되면서 그 중간에 말세로 넘어오는 과정의 원인은 무엇입니까?

승: 모든 것이 주기적인 활동을 하고 있다. 시계를 보라. 1부터 12까지를 한 주기라고 한다. 세상의 일도 마찬가지다. 주기적으로 활동하고 나고 죽고를 반복한다. 갓난아기가 태어나 말을 하고 걸어 다니고 성인이 되고 가족을 부양하고 늙으면 죽는다. 이런 일이 모든 생명체 안에서 반복된다. 세상도 마찬가지다. 종말은 한 세상이 죽는 것, 그러나 종말 이후엔 죽은 세상에서 새 세상이 난다. 시계의 12는 끝의 숫자다. 12시에서 1시까지는 죽음의 순간을 말하지만 1시부터는 새로운 활동이 시작된다. 12시를 넘어가면 한 세상이 끝나는 것이고 새로운 세상이 시작되니, 세상은 끊임없이 주기적인 활동으로 모든 일을 존재하게 한다. 그게 원칙이다.

Q 세상을 나쁘게 하는 원인은 무엇입니까?

승: 있는 일 속에서 나쁜 일을 만드는 것이다. 같은 씨앗을 심더라도 좋은 열매를 만들어 풍족하게 먹을 수 있는 반면 제대로 가꾸지 못한다면 원하는 만큼의 열매를 얻지 못할 것이다. 노력한다 한들 있는 일을 얼마만큼 알고 모르는지에 따라 지키고 행하는 일이 달라진다. 그 일 속에 나쁜 일도 생기고 좋은 일도 생긴다. 길흉화복은 '있는 일' 속에 있다. 즉 어떤 일을 할 때 그것을 얼마만큼 지키고 행하느냐에 따라 좋고 나쁜 일을 일어나게 한다. 있는 일을 모르고 말하면 나쁜 일이요, 있는 일을 바로 알고 바로 알릴 때 좋은 일이다. 세상엔 수많은 학교가 있다. 가장 좋은 가르침은 어디에서 오는가, 바로 이곳이다. 이곳의 일은 전부 녹음되고 있다.

지금까지 모두 원칙으로 말했으므로 거짓을 함부로 찍어 공격하기 어려울 것이다. 아는 사실을 말하는 것은 좋은 일이지만, 모르는 것을 말하는 것은 나쁜 일이다.

Q 변화기에 관한 선생님 견해에 한 가지 더 질문이 있습니다. 숨겨진 진실에 대해 생각하실 때 엄청난 짐을 져야 한다는 건 이해할 수 있는데, 저는 선생님께서 알고 계신 비밀로 인해 어떤 답변이 돌아올지 전혀 예상할 수 없지만, 저는 마야인의 2012년 예언과 변화기가 어떤 관계가 있는지 궁금합니다. 제가 알고 있는 바에 따르면 최근 세상의 문제들은 얽히고설켜 더 복잡해지고 더 나빠지고 있습니다. 하지만 언론의 자유로 인해 정보는 계속 거짓을 말하고 사람들은 국가를 무시하며 문화는 점점 틀에 맞춰져 환멸을 느끼게 합니다. 특히 서구세계에서 도덕은 다른 세계보다 훨씬 타락하고 있는데 답변해 주신다면 영광이겠습니다.

승: 변화기에 대한 너의 질문을 통해 매우 놀라운 사실들을 다시 알게 됐다. 우선 마야인의 예언을 이야기해 보자. 세상은 일정한 주기에 따라 반복된다. 과거 마야 문명의 어떤 인물이 2012년 한 세상의 종말이 지상에서 나타날 것이라고 말했다면, 이 말은 정확한 근거가 있는 것도 아니고 날짜를 정확하게 계산한 것도 아니다. 3천 년~4천 년 전에 주기를 예언했다면, 그의 예언이 자신이 알고 말했건 모르고 말했건, 지금 확인할 수 없다. 하지만 그런 문제를 떠나서 매우 정확하게 예견되었다. 그러나 내가 세상에 와서

약간의 여유, 즉 몇 십 년을 더 보탠 것은 무엇이냐 하면, 나는 현재 가까이서 본 것이다. 그는 먼 곳에서 보았기 때문에 몇십 년이란 차이는 존재할 수 있다.

Q 중력이 환경을 만들고 환경에서 생명체가 일어나는 것이면 중력이 만든 환경은 어떤 것입니까?

승: 중력이 환경을 만든다는 이야기를 들을 때 시각의 차이가 발생한다. 이 세상에는 여러 가지의 이론이 결합되고 뜻이 결합되어서 세상을 만들고 있는데, 나는 앞서 윤회의 법칙을 설명했다. 이러한 과정에 의해서 만물은 윤회한다. 세상에는 원인과 현상과 결과가 있는데, 현상은 결과를 만들고 결과는 원인을 만들고 원인은 현상을 만든다. 이러한 힘이 항상 균형적으로 잡혀 있을 때, 세상은 현상의 균형에 의해서 뜻이 존재하기 때문에, 현상의 세계가 유지될 수가 있다. 윤회 속에서 결과와 원인과 현상이 균형을 잃었을 때, 세상에는 현상계의 변화가 오고 균형이 깨진다. 이 균형을 유지하는 힘을 중력이라고 설명한다. 나는 이렇게 말했는데 잘못 이해한 것 같다.

Q 말씀대로 한다면 결국 중력이 존재하고, 그 중력으로 해서 환경이 생성되고, 그 환경 속에서 모든 생명체가 생겨난다고 봐도 됩니까?

승: 그건 다른 차원으로 봐야 한다. 이 세상은 많은 뜻으로 만들어져 있다. 한 가지 뜻으로써 보는 게 아니라 수만 가지의 뜻이 있는데, 이러한 현상은 원리에 의해서 나타나는 것이다. 내가 설명한 현상의 세계는 이 땅에 예수나 석가 같은 사람이 와서 예언했는데, 오늘의 시대를 기점으로 두고 설명하고 있다. 무엇을 보고 이러한 예언을 할 수 있었는지를 설명할 때, 이 세상에는 윤회의 법칙이 있고 생명체가 회전하고 있다. 돌고 있는 힘의 중력이 바탕의 안정을 만들고 있다. 세 가지 윤회의 법칙 속에서 현상계나 원인 축과 결과 축에서 한 쪽에 이상이 생기면, 안정을 유지하는 힘에 흔들림이 오게 되어서, 큰 재난이 발생하거나 큰 변화가 일어나게 되어 있다.

Q 인구의 증가도 변화기에 영향이 있는지요?

승: 이 시대는 급속한 인구 증가율과 인간이 저지르는 죄악으로 인하여 한이 쌓이게 될 것이다. 그 한은 결과 축을 약화하고, 현상계 축을 더욱 무겁게 해서, 결국 윤회의 법칙 속에 이 회전의 법칙을 흔들리게 할 것이다. 그래서 땅에서는 지진과 해일 현상이 일어나고, 인류에 있는 모든 한을 씻어 버릴 것이다. 그리고 다시 새로운 인류가 나타난다.

Q 그때 환경에 대해서는 어떻게 보아야 하는지요?

승: 환경은 원인과 결과, 그리고 현상계에 있는 생명의 세계의 회전의 법칙으로 발생하고 있다. 중력의 힘은 우리가 사는 이 땅이나 현상계에 있는 것의 안정을 도모해주고 있다.

Q 한恨의 기운을 소멸시키는 힘이란 무엇인가요?

승: 실제 영체가 윤회되지 않으면, 힘이 약한 것은 자연적으로 소멸한다. 너희가 과학을 통해서 시험해보면 알 것이다. 열에 의해서 기체가 가지고 있는 성분은 파괴될 가능성도 있다. 그리고 윤회가 멈추면 힘의 격차 속에서 자신의 힘이 상실돼 주위 환경의 압박으로 파괴되는 수가 있다.

Q 그러면 그때 동물의 영체도 완전히 없어집니까?

승: 동물의 영체도 파괴가 될 수가 있으나, 그 시기는 앞으로 30년 이후에나 오게 된다.

Q 그럼 다시 시작되는 세상은 어떻게 되는지요?

승: 내가 죽기 전에 나의 지혜나 직관적인 판단을 인류는 거부할 수가 없고 인류에 사는 사람 중에 결국 상당수는 나의 의견을 받아들이지 아니할 수가 없다. 30~40년 후에 과학기술의 발달로 대기권 위에 큰 인공위성이나 섬이 뜰 수가 있다. 그 안에 인류를 다

시 존재하게 할 수 있는 수정체가 과학기술에 의해서 보관될 수 있다. 수정체만 있다면 기운과 환경이 돌아왔을 때 부활이 가능하다. 지금 문제는 어떻게 공기의 생산과 식량의 부족 현상을 해결할 것인가 하는 것이다. 과학기술은 변화기 후 최대 2백 년까지 존재할 수 있다. 그때가 되면 이 세상에 살아남을 사람은 4만~5만 명으로 줄어들 것이다. 3차원 세계에 이른 자의 영체는 그 환경에서 파괴되지 않는다. 그런 영체가 다시 이 세상에 태어나서 모든 생명의 근본을 만들어서 다시 생명을 피어나게 한다.

Q 그 시대는 원시시대와 같은 것입니까?

승: 그 시대는 매우 편리하고 참으로 살기가 좋을 것이다. 지금 나는 너희를 깨우치는 것이다. 너희가 이곳을 외면하지 않고, 나의 가르침을 듣는 동안에 스스로 엄청난 직관이 생기고 있는 것을 알게 될 것이다. 직관이 생기면 자기가 속는지 속지 않는지도 알게 된다. 세상에서 속지 않고 속이는 자만 없다면, 이상적인 세상도 건설할 수 있다.

Q 직관을 알아야 상대방이 나쁜 사람인지 아닌지 안다는 것입니까?

승: 직관이 발달한 세계에서는 악이 그렇게 크게 존재할 수가 없고 직관을 가진 자가 많아지면 악은 자연적으로 물러나 버린다. 너희의 정신이 밝아지면 재앙이 물러가고 환경이 좋으면 병이 잘

생기지 않고 질병이 별로 오지 않는다.

Q 다음 세계는 균형이 잡힌 세계가 아니고 불안한 세계가 아닙니까?

승: 약 6천 년 전에 변화기가 있었다. 그러니까 그때 6천 년 전의 역사를 생각할 수가 있고, 나의 가르침은 이 시대를 통해 미래 세계의 기초를 밝히는 등불이 될 것이다. 이 기초에 의해서 세상이 건설된다면, 이상적인 세상이 이 땅 위에서도 설 수 있다. 다음 세상은 6천 년이 훨씬 넘는 만 년이나 이만 년도 갈 수가 있다. 세상의 만물이 가지고 있는 천지의 뜻은 바탕과 환경 속에 존재하는 원인에 뜻을 둔다. 사람이 어떠한 깨달음을 통해서 어떻게 사는지에 따라서 그 세상은 조금 길어질 수도 있고 짧아질 수도 있다. 세상의 운명도 한 사람이 태어나는 운명처럼 축소해 보면, 사람이 태어나서 죽고 다시 태어나는 것을 깊게 생각할 필요 없이 같이 놓고 보면 이치가 똑같다.

Q 그때는 세상에 에너지가 약하겠어요?

승: 약하고 강한 것은 지금 미리 볼 수도 없고 그때 가 봐야 알 수 있다. 나중에 정확하게 말세가 가까이 왔을 때 그 숫자가 나올 것이며 대비가 될 것이다. 지금 너희가 할 일은 자신을 강화해서 3차원 세계로 데려다 놓고 거기에 자신의 판단과 영적인 힘을 이르게 하는 것이다. 그리고 이것이 유일하게 재앙에서 피난하는 길이다.

Q 변화기 이후의 세계는 어떠합니까?

승: 있는 것들과 있는 일의 활동으로 세상의 모든 현상계가 존재한다. 현상계가 활동함으로써 변화기가 존재한다. 이는 한 시대를 마감하고 새로운 시대로의 이동을 말하는 것이다. 이런 일을 두고 지금까지 많은 예언자나 종교는 '세상의 종말'이라고 말하고 있다. 그러나 세상의 종말이라는 것은 모든 문명이 사라지고 모든 현상계가 파괴됨으로서 없어짐을 의미한다. 이 일은 이 시대의 주체인 인간들에 의해서 해결되어야 한다. 생명체의 이동이 있어야 이런 일을 해결할 수 있다. 새로운 인류에게 우리 현상계에 존재하는 생명체를 인계해야 한다. 나는 인간의 능력과 노력 그리고 깨달음이 이런 일을 해결할 수 있으리라고 믿는다.

Q 그런데 이 시점에서 보면 매우 불행한 일은, 사람들이 이런 일에 대해서 무관심한데 대책이 있는지요?

승: 사람들은 이런 일에 대해서 알지 못하고 있다. 이 사실을 알려고도 하지 않는다. 그러나 계속 모른다면 인류의 존재는 끊어지게 된다. 사람이 존재하는 사회를 인류라고 말하는데, 만일에 세상에 인간이 존재하지 않게 된다면 그건 인류가 아니다. 세상의 주체가 인간이었기 때문에 세상을 말할 때 인류라고 말한다. 여기서 인간은 특별한 경우를 제외하면 영적 삶을 통해서 이동할 수가 있다. 이 영적 삶이란 것은 영혼의 실체를 살아 있게 함으로써 영혼

을 변화기 이후의 세계로 이동시킨다는 것이다. 모든 것이 어떻게 소멸해 이동하는지 관찰해보면 된다. 이것이 우리가 사는 지구라고 생각을 했을 때 이만큼의 대기가 있다. 이 대기 속에는 기체가 존재하므로 이것을 기층이라 하는데, 이 기층을 중력대라 말한다.

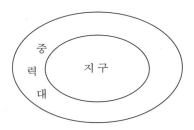

이곳에는 중력이 존재하지만, 달 표면에는 기압의 기층이 약하기 때문에 중력이 매우 약해서 사람이 조금만 힘을 쓰면 펑펑 나는 것 같다. 그래서 영혼이 이 기층의 밖으로 이탈할 수 있기에 이 영적 삶이 수십 년이나 수백 년 동안 가능하다. 이것은 과거로부터 이런 말을 들어서 알 것이다. '가벼운 물질은 올라가고 무거운 것은 내려온다.' 인간의 영체는 기체와 의식으로 분리할 수가 있다. 살았을 때 의식 활동을 통해서 그것을 기체 속에 입력시켜 놓으면 기체에서는 계속 의식이 발생된다.

Q 의식은 컴퓨터로 예를 들면 칩과 같은 것입니까?

승: 자신 속에 들어온 걸 모두 기억한다. 자신이 내보내도 자신 속에 받아들인 것은 그 물질 자체가 파괴되지 않는다면 존재는 유

효하다. 영혼도 똑같다. 그러면 과연 이러한 일이 어떻게 성립되는지를 알아야 한다. 내가 계속해서 말한 내용 중에 인간은 사랑을 통해서 자기 구원이 가능하다고 했다. 자기 구원을 어떤 점을 두고 말했는지 잠깐 설명해 보겠다. 우리의 의식체 안에는 사람들이 눈으로 볼 수도 없고 X-레이나 현미경으로도 볼 수 없는 어떤 것이 있다. 우리는 이것을 보고, 듣고, 그것을 저장하고, 또 자기 속에 있는 걸 짜깁기해서 내보내는 방식으로 각각의 상황에 활용한다.

Q 사랑을 통해서 자기 구원이 가능하다는 것은 업장이 없어진다는 것입니까?

승: 의식에는 자기에게 있었던 일이나 자기와 관계되는 일들이 전부 입력이 있다. 입력되는 과정에서 나쁜 생각을 하면 나쁜 기운이 입력되고, 좋은 생각을 하면 좋은 기운이 입력된다. 나쁜 것이 입력되는 것을 악업이라고 말한다. 사람들은 이런 일에 무지해서 실제로 자기가 한 일이나 자기 속에 있었던 일 등 자기와 관계되는 일이 입력되는지 안 되는지 잘 모른다. 하지만 현대 과학 문명을 통해서나 컴퓨터나 첨단 장비를 통해서 확인할 수 있다. 식물을 통해서도 이런 과정의 일이 계속되는 것을 발견할 수가 있다. 이 사랑이라는 것은 오직 있는 일을 제대로 알고, 양심 있는 일을 통해서 정의를 실천할 때 나타난다. 당당한 일을 할 때만이 그 부딪힘 속에서 사랑의 불이 생기게 된다. 이 불로 인해서 영체 속

에 있는 나쁜 업을 태워버리면 영생에 이르게 된다.

Q 자기의 영원한 생명을 얻기 위해서는 업을 태워야 영적 이동이 가
능하다는 것이지요?

승: 이 기층을 벗어나야 영생에 이르게 된다. 이때 영적 수명은
길게는 5백 년에서 천 년을 갈 수가 있다. 지구가 변화기에 들어서
계속 사람이 살 수 없는 기간은 30년 정도이다. 그 파장 속에서는
기운이 생성되어서 중력대에 가득 차면 이 이상은 올라갈 수가 없
다. 기운이 가득 차기 때문에 중력대 밖으로 벗어나 있는 영체는
어떤 영향을 받지 않기에 백 년이나 2백 년 후에 다시 생명의 세계
로 돌아온다. 이것을 영적 이동이라는 말로 설명할 수가 있다. 변
화기가 일어나게 되어 있는데 누구도 막아서도 안 된다. 이 변화
기가, 늙어버린 모든 기운이 죽고 새로운 기운이 태어난다는 의미
를 세상에 부여하고 있다.

Q 생명의 근원은 어디에서 왔습니까?

승: 생명체의 근원은 '있는 것'들의 활동과 결합이다. 변화기엔
파장이 일어나는데 지각 변동, 해일 현상, 엄청난 규모의 화산 폭
발 등을 동반한다. 물과 불이 부딪치고 깨어지며, 파장의 발생으로
기운이 생성된다. 수십 년간 이런 활동이 이어지며 생명의 근원이
피어난다. 그 안에 있는 순수한 기운은 생명체와 결합해 생명으로

부활한다. 그러니 너희는 누구로부터 태어났는지, 이제부터 무지한 논쟁을 할 필요가 없다. 우리는 자연계의 활동 속에서 나타나게 되었다. 많은 곳에서 창조주를 내세우고 있는데, 어리석은 사람들의 삶이 그러하다. 이 세상은 있는 것들의 활동으로 모든 일을 존재해 오게 했고 그렇게 해 갈 것이다.

Q 어떻게 이 말에 대해서 자신 있게 말할 수 있습니까?

승: 그것은 있는 일을 관찰하면 누구나 발견할 수 있다. 바다 깊은 곳에서 발견된 돌산의 연대를 추정해보니 6천~7천 년 전이라고 한다. 그 이전에도 문명이 존재했다는 것이다. 앞으로 변화기가 지나고 5천 년이나 6천 년 후 엄청난 문명이 있을 것이다. 모든 일은 반복되기 때문이다. 내가 이런 말을 하면 너희는 많은 의문점을 가질 수도 있을 것이다. 실제로 세상에서 처음 듣는 말이기 때문이다. 내가 말하고 싶은 것은, 나의 수명도 정해져 있기에 이제나도 얼마 살 수 없으니 본격적으로 활동하겠다는 것이다. 만일에 내가 실패하면 이 인류의 생존 자체도 실패하고 말 것이다.

Q 이번에 여행을 나가시면 언제쯤이나 돌아오십니까?

승: 이번 여행은 인도를 통해 아시아 6개국을 다니며 후원자를 구하기 위한 떠남이다. 변화기 속에 있는 일을 밝히고 이 시대의 문제를 해결하기 위한 결정이다. 후원자를 구한다면 한국보다 외

국에서 더 활발히 활동할 것이다. 너희는 이런 시간에, 내가 있을 때 조금이라도 관심을 가지고 알려고 노력해야 한다. 무엇이든지 알고 있을 때 어떤 일이든 정확하게 할 수가 있다.

Q 외국에서 활동하려는 목적은 무엇입니까?

승: 아마도 내년 여름에는 유럽에서 활동하겠지만, 내가 그곳에 가는 것은 사람들에게 하나의 답을 얻기 위해서다. 오늘의 인류로서 생존을 원하는지 원하지 않는지 알고자 함이다. 현재의 삶에서 영적 이동을 시도할 것인지, 생명의 길을 자기 속에 만들어낼 것인지 외면할 것인지 물을 것이다. 나는 어떤 종교나 어떤 신神을 섬기건 거기에는 관여하지 않을 것이다. 사람들 대부분이 종교집단에 소속되어 있기에 신으로부터 구원받기를 원하는 사람은 이번 변화기에 생존할 수 없다는 사실을 나는 알리러 가는 것이다.

Q 어떤 사람들을 만날 예정이신지요?

승: 나는 이번에 세계에서 매우 뛰어나다고 알려진 사람들을 만나러 간다. 그런데 그들의 지식을 나와 놓고 비교하자면 하늘과 땅 차이다. 하지만 그들은 이 시대에서 많은 사람을 거느리고 있다. 결국 그들을 위해서 가는 것이다. 신神을 통해서 구원받을 것인지, 진리 속에 있는 일을 통해서 구원받을 것인지 물을 것이다. 일이라는 것은 어디서도 만들 수 있으며, 우리는 있는 일과 있는

것들을 통해서 무엇이든지 확인할 수 있다. 영생에 관한 문제도 현재 과학의 시스템으로 얼마든지 확인할 수 있다. 사람들이 이해하지 못하는 것들에 대해 충분한 물증을 가지고 있고, 또한 변화기에 대해서도 내 생각을 과학자들을 통해 이론이나 시스템으로 만들 수 있다. 있는 것을 결합해 세계의 비밀을 알아내는 것도 가능하다.

Q 새로운 세계의 비밀이 생명체의 이동을 말합니까?

승: 이 생명체의 이동에 앞서 몇 가지 할 일들이 있다. 이 인류에서 새로운 인류로 생명체를 이동하는 데에는 고도로 발달한 현대 문명과 인간 개개인이 가지고 있는 의식 속의 깨달음이다. 만일에 사람들이 있는 일을 정확하게 알지 못하고 받아들이지 못한다면 어떤 일도 쉽게 해결하지 못할 것이다. 오늘의 문명만으로는 인류를 새로운 인류로 이동하는 것은 불가능하다. 하나의 물질 자체가 가지고 있는 성질을 알아야 한다. 쇠붙이 하나하나도 물건을 만들고 보면 각각 다른 성질이 나타난다. 그러니까 있는 일을 알지 못하는 상태에서는 실제로 이 생명이 이동하는 일이 불가능하기에 방법이 필요한데, 예를 들어 설명하겠다.

1부 변화기

이렇게 생긴 물고기를 얼음 위에다가 놓았을 때 체온이 내려가고 물고기는 수면 상태에 들어간다. 모든 활동이 정지해 버리면 죽은 것과 같다. 그런 상태에서는 숨도 잘 안 쉬고 먹이도 필요가 없다. 그래서 한국에서 이런 방법을 통해서 살아 있는 물고기를 일본에까지 가지고 가는 일이 많다. 살려 놓으면 배 밑창에서 돌아다니다 부딪쳐 몸에 상처가 나고 질병이 생기기 때문이다. 그래서 가장 건강하게 이동하는 방법의 수단으로 물고기가 든 상자에 얼음을 채우는 것이다. 어떤 기기를 이용해서 온도를 낮추고 물고기 자체의 활동을 정지되게 해서 죽은 것과 같은 상태로 가지고 간다. 도착해서 뜨거운 물을 넣어주면 체온이 상승해 얼어 있던 기관이 다시 펴지고 생명이 살아난다. 이것을 보고 현대 과학에서 연구하고 있는 것이 냉동인간이다. 미국같은 선진국에서는 난치병에 걸린 부자들이 지금의 의술론 당장 병을 고칠 수 없으니 죽기 전에 자신을 냉동상태로 동결했다가 병을 치료할 수 있는 진보된 의학이 출현했을 때 부활해서 다시 살고자 하는 이들이 있다고 한다.

Q 냉동인간을 이같이 적용하면 살아날 수 있습니까?

승: 물고기는 의식이 없기에 동결된 몸에 생명의 기운이 그대로 붙어 있게 된다. 그리고 해동 후엔 기운이 살아나 기관을 다시 움직이게 한다. 하지만 인간은 의식이 있고 그 의식체는 매우 예민하기에 우리 몸이 활동할 때는 그 몸 안에 갇혀 있다. 그러기에 이

의식이 빠져나올 수 없지만, 몸이 정지된 상태에는 조그마한 틈만 있어도 즉시 몸체를 빠져나와 버린다. 그러면 그 몸은 다시 살릴 수가 없다. 밀폐된 공간을 만들어서 관을 만들고 냉동시켜서 그 기압에 의해서 얼어붙어 버린다면 이것이 나중에 동시에 깨어나야 하는데, 의식과 몸이 별개로 깨어나면 자기 자신을 잃어버리게 된다. 의식도 기체이니 이 상태에서는 자기가 살아 있는 것과 같기에 의식이 살아 있다. 그러나 몸은 이 의식체가 없이는 절대 살아나지 못하니, 이 의식체는 이 몸으로 들어오지 않고 증발해서 다른 곳으로 가 버리면 이 냉동인간은 절대 살아날 수가 없다.

Q 그러면 냉동인간이 살아나는 방법은 없는 것입니까?

승: 우리가 우주선을 가지고 몇 사람의 과학자가 달로 떠날 때 30년간 버틸 물과 식량을 어떻게 해결할 것인가? 이걸 해결하는 방법은 인간의 의식을 잠재우는 것뿐이다. 그런데 아직 그 기술은 개발되지 않았다. 동물의 정자와 식물의 열매들을 보관하는 방법을 알아내는 것이 현대사회 과학자의 몫이다. 이 기술만 터득한다면 결국 영생에 이르러 있는 사람이 태어나는 것은 가능하다. 그 기운 자체가 순수해서 보고 이해하는 능력이 매우 뛰어나고 자기가 현세에서 과학 분야에 일했다면 가능하다. 그들은 변화기 이후에 학교가 없고 배울 수가 없는데도, 자기 속에서 그런 일을 했던 잠재력 때문에, 그것을 알아내는 것은 얼마든지 가능한 일이다.

1부 변화기

Q 전생은 알 수 없는 것으로 알고 있는데, 과거를 어떻게 알 수 있습니까?

승: 나의 영적 나이는 엄청 많은데 너희가 이해하기 쉽게 옛날이야기를 하나 하겠다. 1970년대 한국에는 함석헌이라는 유명한 사상가가 있었다. 그 사람은 강연도 많이 하고 여든 몇 살 때까지 살

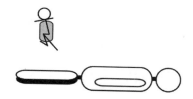

았는데, 내가 그를 만났을 때 그랬다. '우리 이렇게 만났으니까 쉽게 이야기합시다. 현재 육신의 나이로 따지면 당신이 위이고, 영적 나이로 따지면 내가 위이니까 우리 편안하게 이야기합시다.' 말했더니 나의 말에 대하여 수긍한다고 했다. 나의 영적 나이는 너희가 상상하는 이상으로 초월해 있다. 내가 오늘날 깨달음을 얻고 나타나는 것은 과거 오래전 생애에서 있었던 일들이 현재를 통해서 나타나고 있는 것을 말하고 싶은 것이다.

Q 이런 일을 현상계에서 보고 확인할 수가 있습니까?

승: 식물의 씨앗을 땅에 심어서 순이 났을 때 순을 접붙이는 일을 보면 알 수 있다. 어떤 기후나 환경의 영향을 받아서 물질이 다른

것과 인연을 맺고 활발한 활동을 할 때 그 속에서 지금까지 볼 수 없었던 귀한 열매를 얻을 수 있는 현상을 볼 수 있다. 이렇게 얻어진 열매의 씨앗 속에서 나온 씨앗을 심었더니 전자에 만들어진 씨앗과 열매와 똑같은 열매가 나왔다. 그와 같이 인간의 열매는 하나의 영체이고, 이 영체가 분해되어서 또다시 생명의 세계로 이동해서 생명으로 부활했을 때 어떤 열매에서 본 것처럼, 이러한 현상이 나타난다. 사람들이 나를 여래라 말하는 것은 보는 자라는 의미를 말하는 것이다. 내가 과학자들과 만나서 그들이 가지고 있는 프로젝트를 보고 나서 이해하게 된다면, 인류의 이동을 뒷받침할 만한 엄청난 문명이 새로 태어난다는 사실을 말할 것이다. 우리는 항상 어떤 일을 대할 때 있는 것과 있는 일을 살펴보아야 하는데, 그것이 현상계의 중요한 원인이기 때문이다.

8 — 세상의 공식과 운명

이 세상은 하나의 원리와 공식에 의해서 존재한다. 콩이 자라는 모습을 관찰해 보라! 콩을 심었더니 싹을 틔우고, 이 싹에서는 열매가 열렸고, 열매가 열리자 이 싹은 없어지고 말았다. 그 열매는 다시 싹을 틔우고 꽃을 피우고 열매를 열리게 한다. 모든 생명체는 이러한 원리에 의해서 자신을 끝없이 존재하게 한다. 여기서 이 콩 자체를 소가 먹어버리면 콩의 기운은 소의 몸으로 들어가 버리고, 콩의 생명은 소로 이동한 것이다. 윤회 과정은, 콩이 생명 활동을 통해서 콩을 만들고 그 몸통은 사라지는데 그 콩은 다시 또 싹을 틔우면서 생명 활동을 시작한다. 콩이 끝없는 세월 속에서 자기를 나게 하고 존재하게 하는 것처럼 이 세상 역시 똑같은 일을 반복한다.

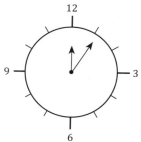

시계를 보라! 12에서 시작해 다시 12에 오면 원점이다. 이 같은 반복 현상의 출발은 어디인가. 새로운 변화기가 출발의 기점이다. 아이는 언제 출생하는가? 어머니의 배 안에서 나온 날이다. 병아리는 언제 태어나는가? 알에서 깨어나는 날이다. 변화기를 기점으로 세상은 새로운 생명 활동을 시작한다. 만일에 변화기가 일어나지 않고 끝없는 세월이 계속된다면, 자원의 고갈로 세상 자체 모든 것이 영원히 파괴되고, 생명이 살 수 없는 죽음의 별로 변하게 된다. 그런데 이 세상에는 변화기가 있기에 인류를 끊임없이 세상에 태어나게 한다. 지금의 인류도 변화기라는 과정을 통해 세상에 태어났다.

Q 그러면 이 변화기가 어떻게 일어나는지요?

승: 중력 활동이 약해짐으로서 세상에는 대 지각 변동이 생기고, 삽시간에 모든 문명이 사라지고, 변화기를 있게 하는 활동이 일어나게 된다. 이 활동은 새로운 생명의 근원을 만들고, 생명 속에서 정화되지 못한 모든 기운을 정화해서, 세상에서 새로운 생명을 태어날 수 있게 하는 작업을 하게 된다.

Q 변화기 후에 5만 명 정도 인구가 살아남았을 때, 영생의 차원에서 영혼들이 많지 않으면 인구가 늘지 않겠네요?

승: 영생계에 머무는 차원 높은 신들도 어느 주기가 되면, 항상

1부 변화기

자체가 가지고 있는 것을 상실한다. 그 속에도 변화가 없으면 존재할 수가 없다. 그 신들 속에 있던 기운 자체에서는 항상 변화가 있게 된다. 지상에 있는 영혼이나 저 위의 차원 속에 있는 영혼이나 그 영혼 자체의 근본은 같다. 근본은 인간에게서 나왔고, 그 속에 있는 일들이 다른 차원에서도 존재하게 한다. 그런데 신들은 50년 있다가 없어지는 것도, 10년 있다가 없어지는 것도, 1년 있다가 없어지는 것도 있는데, 이것은 그 속에 있던 일로 인해서 생기는 것이다.

Q 저 하늘 위에도 씨앗이 없으면 임신이 안 되겠지요?

答: 씨앗은 결국 아까 이야기했지만, 옛날에 씨앗이 없을 때도 생명체는 낳지 않았느냐? 그런데 씨앗 자체는, 영생 세계에 있는 신들도 생명의 씨앗이 되어 인간의 인연을 이끌어 가는 하나의 자원이 된다. 그보다 인간이 번식하는 데에 가장 중요한 것은, 이 중력대에 존재하고 있는 기운이다. 아무 기운이나 태어나는 것이 아니라, 우리가 조금 과학적으로 번식을 확인해 보면 된다.

Q 어떻게 확인할 수 있습니까?

答: 쌀 한 알을 먹었을 때, 작은 씨눈에서 영양소가 더 많이 나온다. 씨눈에 있는 것에 강렬하고 강한 에너지가 붙어 있고 씨눈 속에서 항상 쌀벌레가 나온다. 그런데 쌀벌레가 나온 밥을 먹었을 때 그 속에 있는 에너지를 측정해 보면 알 수 있다. 우리는 어떤 음식이든 먹고 배설하는 대소변에서 나오는 에너지를 측정하면, 그 에너지는 순도가 매우 떨어진다. 한번 먹고 처리하고 나온 것은 우리 기관이 다 흡수해 버렸으니 에너지가 없다. 어떤 활동이 에너지를 만들면 그 에너지를 또 흡수하는 것은 상대적이다. 생명체들은 이것이 있어서 저것이 있고 저것이 있어서 이것을 돕고 하는 연기법으로 돌아가듯이, 식물은 산소를 만들고 동물은 식물이 필요한 것을 만들고, 서로 교환하는 거 아니냐?

Q 그것이 인과因果의 법칙입니까?

승: 깨달은 자의 가르침은 있는 것을 추적한다. 있는 것을 밝히면 모든 비밀이 드러나는데, 나는 있는 것을 아무리 밝혀 봐도 세상에서 조물주가 세상의 일을 좌지우지하고 있지는 않더라는 것이다. 세상은 구조역학으로 만들어져 있고, 이 구조의 활동으로 있는 일들이 나타나게 돼 있다. 이 있는 일들이 있는 것을 또 만들고, 있는 것이 또 있는 일들을 계속 있게 한다. 이 세상은 반복 현상의 원리와 인과의 법칙法則이 어떤 물질 속에 있던 일로 인해서 새로운 일들이 있게 된다.

Q 해빙기가 오는 것도 법칙의 뜻입니까?

승: 해빙기가 뭐야?

Q 변화기입니다.

승: 변화기가 오는 것도 뜻이다. 이 세상에 꽉 찬 기운 속에서 물질이 태어나고 생성이 된다. 기운이 망해버리면 그 기운의 근원이 되었던 환경 자체에 변화가 오는데, 이 지구에 대해 이렇게 관찰할 수가 있다. 해운대 같은 곳에 가서 300m든 600m든 깊게 파면 팔수록 더운 온천수가 쏟아진다는 소리를 들었을 것이다. 일본 어느 곳에선 계속 화산이 터지고 용암이 분출한다.

Q 한 번씩 어디에서 지진이 나서 땅이 갈라지기 시작한다는 소식을 왕왕 듣습니다. 이 땅 표면에도 인간의 몸과 같은 구조가 있습니까?

승: 지구도 살아 있는 물체다. 과학자들이 관찰한 결과, 달 같은 데는 죽어 있다고 한다. 죽어 있는 곳에서는 다른 원인이 없으면 변화가 안 오지만, 살아 있는 데서는 항상 변화가 계속되고 있고 늘 반복 현상이 거기에서 계속 일어나고 있다. 모든 살아 있는 비밀은 반복 현상이라는 뜻으로 살아 있다. 이 반복 현상을 윤회의 법칙이라고 말할 수가 있으며, 죽고 나고 죽고 나고 이런 것이 반복된다는 것이다. 이 말세의 현상을 알려면 변화기의 현상에 대해 이해해야 할 것이다. 공간에 있는 기층과 지구 땅 표면과의 사이에 가득 차 있는 기운이 쇠할 때 중력대에 영향을 준다. 이 중력대에 영향이 생기면 땅 표면을 억누르고 있던 그 기운이 상실되고

약해지면서 땅속에 있는 기운이 분출된다. 땅속에 있는 기운이 분출될 때는 땅이 갈라질 수도 있고 또 지진 현상이 일어날 수도 있고, 화산 활동을 할 수도 있다. 이 땅이 중력에 의해서 지진과 화산활동이 일어나서 큰 폭발이 계속되면 땅이 흔들리게 되고, 땅 표면이 흔들리게 될 때는 대륙 속에 있는 요동으로 엄청난 해일 현상이 일어난다. 그로 인해서 수천 미터의 물기둥이 쓸어버리면, 도시는 삽시간에 흔적도 없이 사라진다. 그 영향이 적은 곳에는 땅 밑에 가라앉는다.

Q 과거의 문명들이 존재한다는 이야기가 있습니다.

승: 아틀란티스 전설 속에 있는 이야기지만, 이해할 수 없는 수수께끼가, 과거의 문명이 바다 안에서 나왔다. 이곳에는 수천 년 동안 사람이 살지 않았는데 그런 현상은 그 이전의 문화가 다 소멸이 되지 않고, 거기에 존재하고 있었다는 것이다. 돌을 깎아서 석상을 만들 때는 그런 현상이 나오지만, 빌딩을 지어 놨다든가 이런 대부분은 이삼백 년 후이면 전부 다 자연 분해가 돼서 모래면 모래, 돌은 돌, 시멘트는 물에 부식되어서 없어지기 때문에 그런 문명이 존재했는지 안 존재했는지 아무도 알 길이 없다. 모난 자갈은 바닷물에 씻겨서 오래되면 동그란 자갈로 변한다. 그래서 나타나는 현상을 말기현상이라고 한다. 종교에서는 이런 현상을 종말론이라 하는데, 깨달은 자는 이런 것을 하나의 시작을 의미하는 것이며 변화기라고 말한다.

Q 그러면 여래님의 예지라고 봐도 되겠습니까?

승: 나는 예지를 갖지 않는다. 생각으로써 내가 말하는 게 아니다. 있는 걸 보고 말하는 것이고, 지금 내가 하는 말은 과거에도 계속 반복되었고 그런 자료는 얼마든지 많다.

Q 인간 갈등으로 핵폭탄이 세상을 망하게 하지 않을까요?

승: 핵폭탄에 의해서 종말이 오는 것은 힘들다. 물론 핵폭탄은 그 반경 주위에 무서운 열을 발생할 수 있으니, 거기 있는 많은 양의 기체를 삽시간에 태워버릴 수는 있다.

Q 재미있는 과학 사실인데요. 핵폭탄으로 이 지구가 멸망되면 살아남는 존재가 하나 있다고 하거든요.

승: 무엇인가?

Q 쥐라고 하네요. 쥐는 핵에 대한 면역이 있어서 핵이 쏟아져도 살아남는다고 합니다. 과학자들도 아직 그 비밀을 밝혀내지 못했다고 하네요.

승: 그건 인간의 생각이고, 핵심을 물어보고 대답해야 한다. 자꾸 상상을 펼치지 마라. 나는 질문에 대한 사실을 추적하는데 네

가 자꾸 나의 답변에 상상을 펴나간다면, 이 대화는 끝이 없고 또 듣는 사람으로서도 소중한 게 못 된다. 이러한 변화기가 지구상에서 한없이 존재했고, 앞으로 인류는 이러한 변화기로 인해서 다시 살아남게 될 것이다. 새로운 인류의 탄생을 맞이하게 된다는, 그런 정도 알면 되고, 그보다도 더 상세히 알아야 할 사람은 과학자이다. 이 시대에서 자기의 생명을 얻고 자신을 한 번 완성한 사람들은, 만약에 자기를 망치게 되더라도 천년의 시간이 가야 망하기 때문에, 세상에서 행복한 시간과 보람된 시간을 많이 얻을 수 있을 것이다.

Q 세상의 운명運命을 바꾸려면 어떻게 해야 합니까?

승: 오늘날 우리가 살아가면서 알아야 할 가장 중요한 일은 생명 속에 있는 일들이다. 우리가 이 생명 속에 있는 일들을 어떻게 이해하는지에 따라서, 자신을 삶 속으로 인도할 수도 있고 또 죽음의 세계로 인도할 수도 있다. 나는 사람들에게 보내는 메시지를 통해서 이렇게 말했다. '이 시대의 사람들이 가지고 있는 가장 큰 문제는 삶을 잊어버리고 사는 것이다.' 많은 사람들이 어떻게 살아야 하는지, 삶 속에 있는 문제들을 모르고 살아가고 있고, 그런 것을 알려고 노력하는 사람도 극히 일부분에 지나지 않는다.

Q 왜 이 시대에서 삶이 그토록 소중한 것인지요?

승: 너희도 들어서 알고 있듯이, 이 시대는 새로운 인류가 탄생하는 운명이 있기 때문이다. 새로운 인류를 탄생하게 한다는 말은 이 시대의 인류가 사라진다는 것을 의미하는 것이다.

Q 그러면 인류가 사라진다는 이 어려운 환경 속에서 우리 자신은 어떻게 살아남을 수 있을런지요?

승: 자기의 업業을 소멸시켜야 한다는 것을 누우이 말했다. 자기의 삶을 통해서 생명의 길을 여는 것은 있는, 일을 바로 앎으로서 자신이 가지고 있는 생각과 판단과 행동을 바꾸는 것이다. 아무리 많은 것을 알고 있다 하더라도 행동하지 않는다면 아무것도 얻을 수 없다. 너희가 아무리 좋은 농사 기술을 배워서 안다고 하더라도, 실제 농사일을 안 하면 뜻 속에 존재하는 결실을 얻을 수가 없다. 지금까지 내 고충은, 세상의 일을 알면서도 세상을 변화시킬 힘이 없었다는 것이다.

Q 그런데도 왜 여행을 계속하는 것입니까?

승: 그것은 사람들이 가지고 있는 힘을 얻기 위해서이다. 내가 메시지를 통해서 말한 것처럼, 내가 너희 속에 온 것은 너희 속에 인류의 길이 있기 때문이다. 나를 통하지 않고서라도 인간은 만물의 영장이라는 말을 이미 책에서 보고 들어서 알고 있을 것이다. 인간은 인류가 존재하는 세상에서 주인이며, 생명이 존재하는 세상

에서 모든 것의 주인이라고 이렇게 표현할 수가 있다. 인류의 길이 인간들의 삶 속에 있기에 나는 인간 속에 살아야 했다. 내가 인간 속에서 떠날 수 없는 것은, 인간의 생명이 자신들의 삶 속에 존재하는 것이기 때문이다.

Q 어떤 일이 우리에게 영원한 생명을 줄 수 있는지요?

승: 인간은 의식 활동을 통해서 자신의 길을 만들고 존재하게 한다. 의식 활동 속에서는 온갖 일들이 존재하고, 이 일로 인하여 좋은 길을 선택하는 사람들이 있고 나쁜 길을 선택하는 사람들도 많다. 세상에는 수많은 길이 있는데, 이 길이 자기 행동과 행위로 만들어진다. 삶이라는 과정에서 존재했던 일을 통해서 자신에게 있게 되는 업의 활동으로 영생이 존재하지 않을 수도 있다고 말했다. 너희가 세상의 일을 알고 남을 사랑하게 될 때, 내 가슴에 답답한 일, 세상을 통해서 얻은 답답함이 내 가슴에 쌓였을 때 안타까움이 일어나서 그 답답한 가슴을 태우게 될 때 업이 녹는다. 불교의 가르침에도 업은 태우고 녹여서 없애라는 가르침이 전해 내려오고 있다.

Q 저희가 가진 나쁜 습관을 업이라고 봐도 되겠습니까?

승: 사람들은 단순히 업이라 말하지만, 사실은 실감하지 못하고 있다. 실제 자기들이 체험하고 있지 않기 때문이다. 자기 속에 있

던 일에 의해서 항상 같은 궤도를 돌면서 가르침이 없으면 추락해 가고 있다. 너희가 여기에 와서 계속 듣고 그것을 받아들이고 기억하면, 너희의 사고가 세상의 일에 대해서 눈을 뜨게 된다. 눈을 뜨면 그 현실 속에 진리가 있고, 진리 속에 현실이 있다는 사실을 알게 된다. 그리고 무엇이 자기에게 복된 일을 가지고 올 것인지 문제를 알게 되면, 자기가 원하는 해답을 알게 된다. 깨달은 자가 있는 곳에 오면 자기의 운명을 좋게 만든다. 하지만 사람들은 제각기 수백 년, 수천 년 동안 자기의 습관 속에 쌓이고 쌓여 온 업장에 의해서 살아가고 있다. 축복받는 일을 원하지 않고 거짓에 맡기려 하기에 인간은 불행하고, 이 시대의 거짓은 인간 세계를 파멸시키고 멸망시키려 하고 있다.

Q 생각 속에 갇히면 행동이 어려워지는 것 같습니다.

승: 나는 이번에 세상일을 보면서 너희의 행동과 세상에 있는 일이 너희가 원하는 모든 길을 좌지우지하고 있다는 사실을 보았다. 세상의 일을 알고 그 세상 속에서 좋은 인연을 짓게 된다면 평화와 행복과 영생과 부활을 항상 자신 속에서 얻게 된다. 불행을 얻는 것도, 평화나 행복을 얻는 것도, 자신 속에 있던 일로 인해서 얻어진다. 진실을 소중하게 생각하지 않는다면 남의 것을 훔치겠다는 심보이다. 스스로 농사를 지으려 하지 않고 남의 밭에 가서 훔치는 것은 수월하니 항상 자기를 불안하게 한다. 가장 훌륭하게 사는 것은 자기가 스스로 지어서 가꾸며 살아가는 것이다. 이게

아주 편안한 것인데, 이런 것을 잊고 살아가고 있다.

Q 사람들은 진리에 동조하지 않는다고 그러셨잖아요?

승: 대부분 사람은 진리를 들으려 하지 않는다.

Q 지금이 말세라서 그런가요?

승: 과거에도 그렇긴 했지만 오늘과 같이 이렇게 거짓이 세상을 크게 지배하진 않았다. 이 세상은 계속 반복되고 있고 이 변화기를 통해서 엄청난 생명의 근원들이 파괴될 것이다. 의식이 파괴되면 그 의식은 태어나지 않는다. 그래서 굉장한 숫자의 의식이 파괴되면서 세상에는 인구가 급격히 줄어들 것이다.

Q 얼마나 살아남게 될 것 같습니까?

승: 변화된 이후의 세상에는 급격하게 인구가 감소되어 지구상에 지금 50억이 산다면 5만 명 이하의 인구가 생존하게 될 수도 있다. 그런데 그 5만 명은 환경 속에서 만나게 되는 질병과 여러 가지와 싸워서, 수천 년이 지나야 지구상에는 상당한 인구가 살게 될 것이다.

Q 세상에 인간의 능력으로 어떤 있는 일을 변화시킬 수 있지 않겠습

니까?

승: 그러나 그 뜻을 소멸할 수는 없다. 어떤 핵폭탄이 생명체가 있는 곳에서 폭발함으로서 그 열로 인하여 브라질의 숲이나 열대 우림이 삽시간에 메말라 타버리고 모든 생명체가 죽어버리면 환경을 변화시킬 수도 있다. 그러나 세상에 존재하는 진리를 변화시키지는 못한다. 진리가 존재하는 한 세상은 영원히 존재하게 되고, 진리 속에 있던 일로 인하여 결국 자체가 소멸하고 존재하는 일은 계속될 수가 있다. 변화기가 진리 속에 있던 일이고 이 변화기가 많은 것을 변화하게 하고 나쁜 기운을 파괴하면 순수한 의식만 살아남는다. 이들은 결국 어떤 생명체를 통하여 계속 부활하게 되고 다시 그중에서 고등 생명체가 세상을 지배하는 지배자로서 살게 된다. 다음의 시대에서도 인간이 지배하는 인류가 존재하게 될 것이며 계속 반복돼 온 일이다.

Q 세상의 운명은 정해져 있다고 하셨는데 과연 어떤 쪽으로 정해져 있는지요?

승: 보리밭의 보리가 어떻게 크고 언제 추수하는지 아는 사람은 보리가 누렇게 익어갈 때 결실까지 열흘이면 된다는 걸 안다. 이 세상은 어떠한 법으로 존재한다. 어느 시기엔 문명이 일어나고 인간의 정신이 어느 한계에 도달하면 이 세상엔 변화가 온다. 오늘의 인류가 사라지고 새로운 인류가 나타나는 것을 말하는 것이다.

Q 인류가 죽을 때 그 속에 있는 수많은 것이 원래의 모습으로 돌아
  간다면, 생명의 근원은 어디에서 온 것입니까?

승: 그것은 세상의 활동으로 인하여 존재한 것이고, 세상에 있는
구조의 활동으로 생성된 기운이 진화돼서 온 것이다. 그것이 생명
의 근원이 되었고 온갖 생명체가 현상 속에서 존재하고 있다. 이
존재 속에서 어떠한 결과를 얻지 못한 것은 사라진다. 기운으로
돌아가게 되고 기운이 크게 흩어져서 이전의 상태로 돌아간다는
사실을 볼 것이다. 세상이 변화기를 통해 사라지는 것을 영원한
죽음이라고 말한다. 본래의 자리로 돌아간다는 것이니, 인간이 타
락한 곳에서 재난들이 많이 일어났다.

Q 이 지구에 재난이 일어나면 그때 남아있는 사람들은 항상 공포 속
  에서 살게 되겠네요?

승: 공포 속에서 살고 10만 명 중에 한 사람 정도 생존할 가능성
이 있는데, 생존하는 데 필요한 식량 같은 것이 어떻게 될지는 모
르겠다.

Q 그 재난을 피할 수 있는 지역은 누구도 예측할 수 없겠군요.

승: 누구도 예측할 수가 없다. 현재 어떤 지층이 얇고 높은지 알
수 없고, 확실한 건 약한 데가 터진다는 것이다. 지구를 고무풍선

으로 보자. 공기를 넣어 부풀렸을 때 제일 약한 부분에서 터진다. 이러한 일은 확인이 매우 쉬우니, 어떤 물질에 활동을 있게 해서 나타나는 현상을 보면 된다. 지구가 활동하는 목적이나 식물이 활동하는 목적이나 사람이 활동하는 목적이나 동물이 활동하는 목적이나 쇠붙이나 어떤 물질이 만들어져서 활동하는 것이나 똑같다. 똑같은 목적의식을 가지고 있고 거기에서 변화하는 뜻도 같으니 세상에 법칙이 존재한다는 것이다. 법칙은 있던 것과 있던 일로 인하여 생긴 것들이다.

Q 10만 명의 영혼 중 한 사람의 영혼만이 산다면 그 영혼은 얼마나 살 수 있습니까?

승: 이 파장 속에서, 중력이 매우 희박하기에 기압이 아주 높은 곳에서는 영체 자체도 견디는 게 어려울 것인데, 이런 것은 시험을 통해서도 얼마든지 나타날 수가 있다.

Q 이 세상 전체가 끝으로 향하고 있는 것입니까?

승: 사람이 죽는 것처럼 세상도 죽었다가 다시 난다. 세상의 수명은 5천 년이 될 수 있고, 7천 년이 될 수도 있다. 사람이 60세에 죽는 사람이 있고 100살을 사는 사람도 있는 것처럼 말이다.

Q 요즘에는 이 지구에 이상 현상들이 많이 일어나고 있는데 어떻게

변할 것 같습니까?

승: 그 전조로 이곳저곳에서 기운이 이동하면서 산불 같은 것이 많이 일어나고 큰 태풍이 일어난다. 이상한 홍수도 일어날 것이나 그곳은 아무도 모르고 어느 지역이 정해져 있지 않다. 곧 믿기지 않는 현상들과 엄청난 재앙이 이 지구에 일어날 것이다.

Q 이 세상이 끝났다가 다시 시작됐음을 우리가 어떻게 알 수 있습니까?

승: 그것은 과거의 일로써 증명할 수가 있다. 이 세상에 인간의 문명이 극도로 발달하고 인간의 정신이 멸망하자, 세상은 중력의 변화로 현상이 나타나기 시작했다. 매우 큰 지각 변동과 해일 현상이 일어나면서 그 현상으로 인하여 모든 문명이 사라지고, 결국 모든 생명체가 사라지게 되었다. 극히 일부의 과학과 소수의 인간과 매우 진실한 영혼들만 남게 되었다. 진동 기간이 지나자 새로운 세상이 난 것이다. 그래서 이집트 같은 데서는 5천 년 이전에, 그 변화기 이후에 피라미드 같은 건축물들을 만들 수 있었다. 세계에는 너희가 이해할 수 없는 불가사의한 유적들이 많이 있다. 그러한 기술은 변화기 이전에 있었던 기술을 토대로 해서 만든 것이다. 수천 년 동안 사람들은 매우 원시적인 생활을 했고 농사를 짓기 시작했다.

1부 변화기

Q 사람의 뛰어난 정신으로 높은 곳에 올라갈 수 있는 건지요?

승: 진리를 통해서는 어디든지 갈 수 있고 자신을 얼마든지 변화시킬 수 있다. 진리 속에는 모든 것이 존재한다.

9 — 다가오는 종말의 실체

이제 너희는 이 시대에 정말 세상이 멸망할 것임을 알아야 한다. 오래전부터 내려오는 이야기다. 종교는 '종말'로써 그것을 표현하는데, 때문에 사람들을 더욱 잘못되게 하기도 한다. 종말론자들은 세상을 멸망케 하려고 기도한다. '과연 세상에는 종말이 오는가?' 하는 문제에 대해 간단하게 말하겠다. 만일에 사람이 죽지 않고 계속 산다면 어떻게 되겠는가? 허리는 구부러지고 얼굴은 찌그러지고 그만큼 힘이 없으니 일도 할 수 없다. 오히려 세상에는 엄청난 불행이 올 것이니 이러한 문제를 해결하는 것은, 계속 반복하는 일이다. 늙으면 죽고 그 근본 체는 다시 태어나면서 영원한 생명과 영원한 세상을 존재하게 해왔다. 이것이 세상에 지금까지 있었던 일이다. 세상에 종말이 온다는 말은 지금의 한 세상이 끝나고 새로운 세상으로 이동하는 과정에서 나타나게 되는 현상이다. 이걸 종교에서는 종말이라고 말한다. 하지만 종말을 맞이하는 사람도 있고 종말을 맞이하지 않는 사람도 있다. 실제 한번 생명의 세계에 나게 되면 그 생명의 근원은 쉽게 없어지는 게 아니다. 계속 끝없이 반복해서 나게 되는데, 이것이 전부 파괴되어서 순수한 근원으로 돌아가면 다 죽는다.

Q 이런 일이 어떻게 해서 일어나게 되는 것입니까?

승: 자기 속에 있는 일에 의해서 만들어지는 것이다. 하지만 이 시대에서 모든 자에게 이 종말은 해당하는 게 아니라, 종말의 길을 만든 사람이 종말에 빠진다. 그러나 종말의 길을 만들지 않은 사람은 종말에 들고 싶어도 종말에 들 수가 없다. 한 세상은 있는 일을 통해서 자기 속에 길을 만들어가고 있기 때문이다. 세상에서 깨달음이 중요하다는 것은 있는 일을 알아보고 그 일을 통해서 좋은 자기를 만드는 길이기 때문이다. 과거의 세상에서 깨달음은 가장 소중한 것으로 받아들여졌다. 그런데 이 깨달음이 한동안 세상에서 실종된 것은, 세상에 깨달은 자가 오지 않았기 때문이다. 과거에 깨달은 자가 와서 밝힌 길이 전달되는 과정에서 전부 훼손되어 버렸다. 어떻게 해서 이런 일이 일어나게 된다는 기초적인 자연과학의 실체를 아무도 그대로 전달하지 못했다.

Q 깨달음의 길이 오랫동안 실종되었다는 것입니까?

승: 실종된 틈을 타서 나타나게 된 것이 죽은 자들의 거짓이다. 떠돌아다니는 영체들이 사람들을 속이고 이용해서 자신들의 수단으로 만들었다. 그 수단의 도구로 사람들을 무지하게 만들기 위해서 진리 속에 있는 일을 훼손시켜 버렸다. 그래서 세상에 실제로

깨달음의 길이 실종되고 말았다. 지구는 구조역학으로 되어 있는데, 있는 일이 어떻게 해서 있게 되는지 방법에 대해서는 오랫동안 가르쳐오지를 않았다.

Q 구조역학을 설명하려면 뭐라고 하면 됩니까?

승: 죽은 사람을 해부해 보면 오장육부가 붙어 있고 근육과 혈관이 연결되어 있다. 기관이 동력을 만들고 그 동력에 의해서 우리는 움직이고 힘을 쓴다. 자동차를 보면 카뷰레터가 있다. 엔진이 있고, 피스톤이 있고, 전기에 플러그가 꽂혀 있다. 여기에 제너레이터가 있고 배터리 전선이 연결되어 있어서 동력을 만든다. 그래서 이 동력은 자동차를 굴러가게 하는데 이것을 구조역학이라고 한다. 구조의 연결을 통해서 기관은 동력을 만들고 동력은 구조에 따라서 자체를 움직이게 한다. 기관에서는 힘을 만들고 그 힘은 주어진 구조에 의해서 움직이는 것도 있고, 떠오르는 것도 있고, 그 자리에서 어떤 것과 연결하는 역할도 한다.

Q 그러면 지구를 왜 구조역학이라고 했습니까?

승: 지구는 대기가 있고, 물이 있고, 기체가 가득 차 있는데, 이것이 중력이다. 이 공간에는 기체가 있는데, 아주 얇은 작은 입자들로 이 기층을 형성하고 있는 것이 냉층이다. 이 입자가 모여서 빛을 받아 하나의 오목렌즈 작용으로 뜨거운 열층을 만들어준다. 이

열 층은 태양의 열을 잘 받는 곳에 적도를 만들고, 태양의 열을 바로 받지 못하는 곳은 온대성 기후가 된다. 냉대는 아주 낮은 기운을 만든다. 이런 구조에 의해서 물질을 변질시키는 것이다. 이 물질의 변질은 모든 생명체를 만들며, 그 생명체가 지상에서는 활동을 일어나게 만들고 지구에서는 끝없는 반복 현상을 존재하게 하는 활동을 한다. 이런 것이 구조역학이다.

Q 세상에 존재하고 있는 것은 전부 구조역학으로 되어 있다고 보아도 되나요?

승: 주택도 건축가가 설계도를 만들어서 구조역학으로 짓는다. 어떤 구조로 지었을 때는 방이 몇 개 이런 것이 모두 구조이다. 바로 있는 일을 있게 하는 일을 구조라 하고, 있는 일이 존재함으로서 거기에서 발생하게 되는 일들을 구조역학으로 설명할 수가 있다.

Q 이해에 눈을 떠야 그 구조를 볼 수 있다는 거죠?

승: 이런 일을 계속 듣고 또 계속 들으면 조금씩 이런 세계에 대해서 눈을 뜨게 된다. 눈먼 사람이 말만 듣고 당장 태양을 보려면 그것은 힘이 든다. 하지만 자꾸 있는 일에 눈을 뜸으로서 나중에 결국은 태양도 보게 된다. 내가 들은 것이 저것이라고 알게 되고 신뢰성이 생긴다. 있는 일을 계속 들으면 어떤 일을 만나게 될 때

마다 거기에서 새로운 것을 계속 깨닫고 느끼게 된다는 것을 말하는 것이다. 세상의 모든 움직이는 것은 전부 다 구조에 따라서 어떤 일들이 생기고, 그 일들이 새로운 것을 존재하게 하는 원인이다. 구조역학으로 이루어지지 않고 구조에 의해서 힘을 존재하게 하지 못하는 것은 구조역학이 아니다. 저 냉온수기도 그리고 전기도 보면 무엇이든지 구조로 되어 있으며, 어떤 구조에 의해서 나타나게 되는 어떤 현상을 구조역학에 의한 결과라 말한다.

Q 천국天國은 어떻게 설명할 것입니까?

승: 그건 고차원의 세계이다. 내가 수천 년 만에 태어났는데 이런 걸 어떻게 너희에게 입증했으면 좋을지, 내가 과거의 근본이 없이 현세에서 이렇게 이룰 수 있겠는가? 나는 아무것도 배우지 않았으나 모든 자와 부딪히면 결국 그들보다 앞서게 될 것인데 무엇으로 입증할 수 있겠는가?

Q 천국이 있는 것을 무엇으로 입증하나요?

승: 너희가 이해하지 못한다고 해서, 존재하는 것을 존재하지 않는다고 생각하지 말고, 너희의 생각으로 결정하지 말라! 이런 세계가 분명히 존재한다. 이러한 중력을 벗어나는 것은 기체를 가볍게 정제시켰을 때 그 기체가 얼마만큼 날아갈 수 있는지 연구하고 관찰하면 된다. 어떤 물체를 가볍게 정제했을 때 어떻게 변하고,

그것이 혼탁했을 때 어떻게 변하는가를 보자! 무거운 것은 아래로 내려오고 가벼운 것은 위로 뜨는 성질을 가지고 있다. 인간의 영체 같은 것은 입자에 의식이 없을 때, 즉 입자가 매우 가벼운 것이 진기 중의 진기이다. 이 진실의 기운은 중력대를 벗어나서 자유로이 날아갈 수 있다. 이러한 기운의 상태를 어떻게 이해하겠는가?

Q 사람의 눈으로 볼 수 없습니까?

승: 의식의 세계는 의식의 눈으로 보아야 하는데 의식의 눈뜬장님이 어떻게 볼 수 있겠느냐? 중력대를 벗어나면 죽는 일이 세상의 뜻이 아니라 자신에게 달려 있는데 그걸 영생이라 한다. 죽는 것이 자기 손에 달려 있다. 그건 중력 때문에 이런 윤회가 있는 것이지, 중력을 벗어나 버리면 윤회가 없다. 그러나 이 중력을 벗어난 입자도 환경적 영향으로 인해서 그 기운이 변하면, 생명을 얻어서 자기를 다시 얻어야 하고 좋은 자기로 나게 해야만 된다.

Q 그런 자는 대부분 인간으로 태어납니까?

승: 인간으로 났을 때 머리가 명석하고 양심이 투철하고 용기가 있다. 그래서 사람들한테 신용도 얻고, 결국 사업을 해서 성공하고 학문을 하면 그 깨달은 바가 커서 큰 스승이 된다. 사업을 하면 부자가 되고, 정치하면 큰 정치가가 되고, 군인이 되면 그 지도 통솔력으로 해서 항상 장군이나 이런 높은 직위에 오른다. 인류가 끝

없이 존재해 올 수 있었던, 수없이 많은 세월을 존재해 온 비밀 중의 하나는 바로 인류는 변화를 통해서 끝없이 없는 것을 만들고 있는 것을 사라지게 해서 존재해 올 수 있었다는 것이다. 어떻게 이해할지 모르지만, 이해가 되지 않으면 계속해서 질문해 주기 바란다.

Q 윤회하면서 변화기를 거쳐 왔는데 과거에도 분명히 엄청난 그런 문화가 있었다면 대단한 기계문명이 존재했을 것입니다. 과학자들이 최근 발굴된 신석기나 구석기 시대 유물의 연대를 추정해본 결과 몇만 년 전이라고 하는데, 고도로 발달한 기계문명의 흔적은 찾아볼 수가 없었습니다.

승: 나는 그 사람들 말을 어떻게 믿어야 좋을 것인지, 안 믿는 게 좋을지도 모르겠다. 이 변화기라는 것은 상생하는 중력 속에 있는 기운이 망할 때 일어나는 현상을 일컫는다. 사람들은 천지개벽이라도 하는데, 문화가 일어나면, 문명은 토기 같은 것으로 무엇을 만들지 않는다. 대부분 쇠붙이로 만들어진다. 그래서 이것은 2백 년이고 3백 년이 지나면 땅속으로 소멸된다.

Q 금속은 소멸되어 버린다는 거죠?

승: 금속이 소멸되어 버리면 돌이나 도자기 같은 저런 것뿐일 것이다. 도자기 같은 저런 것은 수만 년이 되면 거기에 기름기가 빠

1부 변화기

지는데 무엇으로 측정을 할 것이냐? 지금처럼 컴퓨터가 있다면 그게 6천 년이고 만 년이고 손상되지 않고 저장되었다면 모르겠다. 하지만 변화기가 온 후 왜 세상이 원시시대로 돌아가겠느냐? 이 물질문명이 창조되는 데에는 노력이 필요하다. 그런데 아무리 좋은 비행접시를 만들어 놨다 하더라도 결국 변화기가 지나가 버리고 나면 그 비행접시가 떠다니다가 100년 후에 지구에 돌아왔다면 삽시간에 없어지고 부품 하나만 없어도 사용하지 못한다. 거기에 따른 연료와 부품이 있어야 하는데 하나만 고장 나면 그때부터 보관이 안 되고 부식이 되기 때문에 없어진다. 총이 있더라도 실탄을 쏴 버리고 나면 총은 없어져 버릴 것 아닌가? 그러면 이 쇠붙이 같은 거 없으면 사람의 지혜는 돌칼도 만들고 돌도끼도 만드는 거고 쇠붙이가 있는 곳에서는 창칼도 만들고 하겠지!

Q 옛날에는 플라스틱 문명은 없었나요?

승: 문명이 사라지고 나면, 플라스틱이나 철로 만든 과학 문명은 세월이 지나면 사라지기 때문에 그런 증거가 안 남을 뿐이다.

Q 선생님은 깨달음을 통해서, 이 시대에 어떤 메시지를 전하려고 하십니까?

승: 사실 지구는 윤회를 통해서 계속 존재하고 있다. 만일에 이 지구에 윤회가 없다면, 벌써 지구는 파괴되어 버렸을 것이다. 자꾸

에너지가 보충이 안 되고 빠져나가 버리면 약해지니까 노화 현상이 온다. 그래서 나는 세상을 볼 때는 항상 문제로써 보기 때문에 틀릴 확률이 하나도 없다. 나의 시각으로 앞으로 어떤 일이 일어나고 닥치는지 훤히 다 본다. 몇 년도에 어떤 일이 일어난다는 정도의 큰일은 다 알고 있다. 세상에서 누구도 남길 수 없었던 모든 기록을 알아볼 수 있기에 어디든지 가서 큰소리친다. 하지만 모든 사람은 업을 가지고 있다. 나는 문제가 답을 가지고 있다는 사실을 알기에 절대 망할 염려가 없는데도 나와 같은 사람을 가까이하려고 하지 않는다.

Q 선생님이 세상에 오게 된 목적은 무엇입니까?

승: 인류가 어떻게 존재하며 어떻게 존재해 나갈 것인지 길을 밝히러 온 것이다. 내가 가지고 있는 의통意通은 과학자들을 통해서 약물이나 기구가 없는 상황에서 어떻게 질병을 치료할 것인지에 대한 해답이다.

Q 그러면 앞으로 세상에는 어떤 일이 일어나게 되는지 그 부분에 대해서 말씀해 주십시오.

승: 너희에게 비밀을 가르쳐주겠다. 수천 년 동안 인류에는 세상에 종말이 온다는 말이 퍼져 있었다. 종말론자들은 이를 이용해서 혹세무민하는데, 이 종말론이라는 건 무엇이냐? 시계의 바늘이 한

바퀴 돌 때 마지막 바늘이 12를 넘으면 1로 간다. 이 종말이라는 것은 하나의 세상이 마지막에 왔을 때가 아니다. 한 세상의 끝을 말한 것이다. 예언자들이 정확하게 이런 이치를 알아볼 수가 없었다. 환청 같은 걸 보고 종말이 언제 일어날 것이라고 말했기에 사람들이 이해하기가 어려웠다. 세상도 반복하기 때문에 똑같은 이치이다. 여기에 오면 문명이 극치에 이르고 이런 문제는 풀면 간단하다. 시계는 12시를 기점으로 계속 도달하고 0이 되면 태초이다. 이 문명이 사라지는 시기를 변화기라고 하고, 이 변화기를 통해서 세상은 원점으로 간다. 이런 게 시스템을 만들고 문제를 응용해서 과학적인 방법으로 확인하지 않으면, 누구도 받아들이고 믿기가 어렵다.

Q 세상에 뛰어난 과학자들이 많았는데 그들이 변화기를 확인하지 못하고 받아들이지 못했습니까?

승: 이유는 이런 일에 대해서 누구도 알아보고 가르친 자가 없었기 때문이다. 내가 변화기의 일을 알고 있는 이유는, 나는 깨달은 자이며 있는 것을 있는 그대로 볼 수 있는 자이기 때문이다. 이 시기에 도달하면 세상은 엄청난 혼란에 빠지게 되고 지각 변동과 화산 활동과 해일 현상, 지진 현상에 의해서 모든 도시가 물속으로 가라앉기도 한다. 해일 현상이 싹 쓸어버리고, 모든 생명체가 일시적으로 사라지고, 그 활동을 통해서 지구 자체는 새 생명을 잉태하고 태어나는 것이다. 6천 년이나 7천 년 동안 또 왕성한 활동을

할 수 있는 새 생명을 가지고 태어난다. 그러니 현재의 세상이 없어진다고 해서 미래의 세상이 존재하지 않는 것은 아니다. 현재의 세상이 없어져도 미래의 세상은 존재하게 된다. 예언자들은 어떤 영감을 통해서 한 말이기 때문에 일어나는 현상에 대해서는 아무것도 모른다.

Q 선생님이 하시는 이 일이 승산이 있다고 보십니까?

승: 내가 사람들에게 가르치는 진실은 매우 중요한 것으로서 자기의 노력으로 자기의 생명을 구하는 길이다. 나의 능력으로는 어떤 경우 죽은 자도 살릴 수가 있다. 그렇다면 이런 고생을 안 해도, 원한다면 돈은 얼마든지 만들 수 있다. 그런데 나는 승산이 없는 싸움을 하며 나그네가 되어서 정말 힘들고 험한 여행을 끝없이 이어간다. 이것은 내가 이런 일을 외면하는 것이 죄악이 되기 때문이다. 세상에는 온갖 게 있다. 사랑도 있고 행복도 있고 생명도 있다. 이것이 내 삶이다.

Q 그 변화는 어떻게 일어나게 됩니까?

승: 대기권과 지구의 사이에는 기운이 꽉 차 있다. 과학자들은 기운이 쌓여 있는 것을 중력층이라고 말한다. 문명의 발달과 자원의 고갈은 결과적으로 중력의 층을 약하게 만드는 원인을 제공하게 된다. 이때 중력의 약화로 인해서 일어날 수 있는 현상 중에서 가

장 위력이 큰 것이 지진 현상과 지각 변동이다. 지층의 요동은 엄청난 해일 현상을 일으키게 되고 이때 나타나는 그 물의 힘은 이런 시멘트 건물들은 그냥 삽시간에 파괴해 버린다. 중력의 약화로 인해서 그런 활동은 일정 기간 계속되게 된다. 이러한 변화기 때에 일어나는 활동이 부딪쳐 새로운 기운을 만들고, 그 기운은 다시 중력대를 형성하게 된다. 그때부터 새로운 생명의 시대가 열리는 것을 나는 지금의 이 인류가 아닌 후세의 인류라고 말한다. 내가 보기에는 백 년 안에 새로운 인류가 태어나니, 너희는 있는 일에 대해서 진실을 보고 알게 되면, 결코 자신을 잃어버리지 않게 될 것이다.

Q 수많은 변화기가 있었다면 변화기마다 역사가 존재했을 것인데, 지나간 많은 역사 속에서 완전한 진실에 이른 의식이 없었습니까?

승: 과거의 시대는 알지 못하겠다. 과거의 시대는 기록도 없고 과거에 내가 알았다고 하더라도 전부 씻어버리고 왔다. 오늘의 환경에 의해서 다시 만들어졌기 때문에 알 수가 없으며, 알아볼 수 있는 것은 그들의 말이나 삶의 행위를 통해서 확인할 수가 있다. 그런데 그런 기록이나 말들이 없으니까 알아보기가 힘이 들고, 오늘 질문하는 것에 대한 나의 대답은 너희가 생각하는 것보다 나는 최상이라는 것이니, 나의 말을 잊지 말라! 내가 세상에 이 일을 위해서 강력한 메시지를 보내야 하는 이유는, 사람은 자기가 살아야 할 만큼 노력해야 한다는 것이다. 너희가 알아야 할 것은, 앞으로

우리 앞에 나타나게 될 이런 재앙은 절대적으로 피할 수가 없으며, 이런 일이 일어나지 않는다면 지구는 생명체가 살 수 없는 세계로 진짜 변할 것이라는 점이다.

Q 종교에서는 구체적인 문제도 제시하지 않은 채 결과인 종말만을 말하고 있습니다.

승: 나는 종교에서 하는 그런 말은 절대 사용하지 않는다. 지구가 멸망한다고 하는 사람들은 자기 말이 아니고 신의 말인데, 신이 무엇을 알겠느냐? 한국에 뛰어난 인재들이 없기에 내가 하는 말을 들어서 조금이라도 이해할 수 있는 사람들을 찾아서 세계로 나가는 것이다. 지금 답답하고 안타까운 것은 이런 일을 해야 하는 나의 열의보다도 이런 일을 할 수 있는 시간이 얼마 남지 않았다는 것이다. 그러니 깨달음이 자기 것만 되어서는 절대 안 된다. 우리가 농사짓는 기술을 배웠으면 그것을 이용해서 농사를 지어야 좋은 열매를 거기에서 얻을 수 있다. 좋은 기술을 들어서 알고 있으면서도 그것을 쓰지 않고 활용하지 않는다면 그 기술은 아무 쓸모도 없는 기술이 되고 만다. 세상의 일도 이와 같으니, 너희가 다른 사람의 축복이 되고자 할 때 자기에게도 축복이 온다는 것을 알아야 한다. 이걸 모르는 사람은 절대 남을 사랑할 수가 없다.

Q 지금까지 세상에서 발표하고 있는 역사학자들이나 인류학자들의 말은 믿을 게 못 되는 것입니까?

승: 그들의 고증은 30만 년 전이라 하지만 변화기가 6천 년이나 7천 년만에 한 번씩 온다. 이 변화기가 지각 변동으로 대륙을 갈라지게 하고 엄청난 해일 현상을 통해서 모든 빌딩이나 문명을 산산조각을 내버리고 지진과 화산 활동을 통해서 엄청난 폭발을 계속하게 되는데 어떻게 삼십만 년 전의 흔적이 세상에 남겠는가? 그리고 무엇을 물을 때는 육하원칙으로 '언제 어디서 누가 무엇을 어떻게 왜 했는가?' 분명히 질문하고 들어야 한다. 그래서 그것을 심중에다 넣고 계산을 해봐서 그것이 완벽하게 맞는다면 그때 '나는 아직도 이런 일에 대해서 아무런 지식을 가지고 있지 않으니까 어떻게 하면 이런 지식을 확인해 볼 수 있겠는지' 사실을 물어야 하고, 그것이 물어지지 않으면 안 되는 것이다.

10 ── 반복하고 있는 세상

어떤 일을 알고자 할 때는 항상 모든 문제를 상식적으로 생각하면
되고 이런 일이 있어서 이런 일이 있을 수 있겠다 하고 수학 계산
하듯이 해야 한다. 그런데 지금 세계의 과학자, 대학이나 지식인들
의 말 중에는 가설이 너무나 많아서 백 개면 하나 둘 정도 비슷한
게 있고 나머지 추측은 대부분 틀린다. 지구에 열대지방과 빙하지
방이 생기는 것은 태양과 지구의 어떤 각도에 의해서 생기는 것이
다. 절대 이유 없이 빙하기가 오는 것이 아니다. 만일에 변화기에
지각 변동이 일어나 한국이 어떤 중심권의 지축에서 어느 정도의
각도를 유지했을 때 한국 자체도 빙하지대로 변할 수 있다. 현재
남극에 있는 땅들도 지각 변동으로 다른 위치로 돌아서면 거기에
서는 열대지방으로 변할 수도 있다. 너희가 항상 잊지 말아야 할
것은, 있는 일이 있는 것 속에 세상의 길을 만들어두고 있다는 사
실이다. 너희에게 있는 일이나 있는 것이라고 말하면 이해하기가
어렵고 상당히 혼란스러울 때가 있을 것이다. 있는 것은 어떤 일
에 의해서 나타나게 된 현상을 있는 것이라 말하고, 있는 일이라
는 것은 어떤 것들에 의해서 생기는 일을 '있는 일'과 '있는 것'이

라고 말한다. 있는 것의 근원은 있는 일에 의해서 만들어지는 것이고, 있는 일의 근원은 있는 것 속에 있다. 그래서 세상은 있는 일로 인하여 끝없는 변화를 계속하게 된다는 의미이다. 지금까지 많은 사람이 이 종말론을 가지고 많은 시비를 해 왔는데, 이 종말이 어떻게 해서 오게 되는가? 있는 것과 있는 일의 활동으로 오는 것이다. 모든 생명체는 있는 일을 통해서 자신 속에 모든 것을 존재하게 하고, 그 존재하는 것을 통해서 삶과 죽음을 계속해서 반복하고 있다. 이 반복의 과정에서 나타나고 있는 현상이 윤회이다. 윤회는 작은 물질에서부터 큰 생명체에 이르기까지 똑같은 과정에 의해서 일어나고, 있는 것이 있는 일을 통해서 자기의 수명을 정하게 된다. 이때 수명이 짧고 긴 것은 자기 속에 있는 일에 의해서 정해지게 되는데, 세상에서 깨달음이 인간에게 가장 중요하게 여겨지고 있는 것은 세상 자체가 이런 의미로 인하여 존재하기 때문이다.

Q 세상이 변하면 인간들도 끝나는 것입니까?

승: 지금까지 세상에는 앞으로 나타나게 될, 인류의 비극이 될 종말이 여러 차례 반복해 나타났다. 이번에도 이런 일이 나타나는데 이것은 있는 일에 의해서 종말이 될 수도 있고 윤회가 될 수도 있다. 윤회라는 것은 새로 돌아온다는 뜻이고, 세상은 윤회하지만 인간 세계에는 윤회가 안 되는 게 많다. 그래서 이런 것을 종말이라고 말한다.

Q 종말이 변화기입니까?

僧: 시계를 보고 설명하면, 12에서 1로 내려갈 때의 12는 시작이다. 숫자만 놓고 보자면 12는 마지막이다. 한 세대를 다하고 다음 세대로 넘어가는 과정이 1이고 새로운 세계의 출발점이 되는데, 끝과 시작, 죽음과 태어남이다. 인간은 윤회 과정에서 육체가 먼저 죽고 의식이 죽으면 다시 여기서 태어난다.

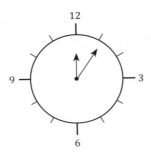

12시와 1시로 가는 이 자리가 무無의 세계이다. 모든 것을 사라지게 하면 그 속에 있는 기운이 다시 진화해서 태어난다. 이때 모든 것을 사라지게 하지만 새로 나타나게 하고, 이런 것은 12시에서 1시로 다시 원점으로 돌아가며, 끝에서 시작으로 이어지는 것이다. 이런 일을 존재하는 것이 변화기라고 말하고, 이는 끝없이 이 세상의 인류에게 존재했던 일이다. 문제는 인간 개개인이 가지고 있는 자기 속에 있던 일로 인하여 종말을 일어나게 하는 일이 생긴다는 것이다. 또 자기 속에 있던 일로 인하여 새로운 세계로의 이동이 여기에서 일어나게 되어 있다. 이 점이 지금 세상에 알려지지 않고 있다. 내가 이 시간을 통해서 밝히고 있는 일 중 하나는 사람의 생명이 이 종말로부터 자신을 보호하고자 한다면 끝없는 사랑의 실천이 있어야 한다는 것이다. 사랑을 실천한다면 현실에 대한 눈을 떴을 때 새로운 시대를 통해서 이동하게 될 것이다. 내가 여기서 종말인지 종말이 아닌지 하는 것은 주변에 있는 사람들을 통해 알 수도 있고, 또 깨달음을 통해서 자기 속에 새로운 길을 만들어 놓는 사람들은 종말이 아닌 새로운 세대로의 이동이 가능한 것이라고 말했다.

Q 어떻게 해서 이런 일이 생기는지요?

승: 생명의 근원은 기운이다. 이 기운이 활동하는 과정에서 자기에게 있었던 일을 전부 갖게 된다. 그 일이 자신을 있게 하는 끝없는 길을 존재하게 해오는 것이다. 종말을 받아들여야 할 사람들은 깨달음이 없고 사랑이 자기 속에 없었던 사람이나 양심과 용기가 허약한 사람이다. 각오해야 한다.

Q 그러면 왜 이런 일이 일어나는 것입니까?

승: 자기 속에 있던 일 중에서, 기운에 붙어 있는 의식 속에 있는 일들이 기운을 무겁게도 만들고 가볍게도 만든다. 이렇게 해서 만들어진 기운이 어떤 상황에서 변화기에 빨려 들어가게 되면 전부 분쇄가 되고, 이 기운은 죽고 자기라는 그 자체가 사라진다. 오랫동안 인연을 통해서 생명 속에 나타날 수 있었던, 자기가 쌓아 왔

던 자체가 없어져 버리기에 종말이라고 말한다. 업이 무거워지는 일은 자기 속에 있는 일로 인하여 큰 업이 자기 속에 존재하기에, 이런 현상이 일어나는 것이다. 가벼워지는 것은 활동을 통해서 업을 줄이기에 자신의 의식이 가벼워진다. 육체 속에 있을 때는 모르지만 영혼과 육체가 분리되면 확연하게 나타난다. 지금 세상은 이런 일에 대해서 누구도 관심이 없다. 거짓말만 계속 들어온 사람들이 진실을 들으면 받아들이지를 못하고 업이 큰 사람은 업이 없는 사람의 말을 받아들일 수가 없다.

Q 업이 큰 영혼들은 변화기를 통해서 어떻게 됩니까?

승: 영체는 에너지에 의식이 붙어 있다. 파장 속에서 어떤 감씨를 하나 가져다 놓고 파괴하면 그 감씨는 아무리 땅에 심어도 생명으로 부활이 되지 않는다. 영원히 감씨로서 그 모태는 나쁜 인연과 부딪혀서 모든 게 끝난다.

Q 곧 닥치게 될 대변화기에 우리 눈에 보이는 물질만의 변화가 아니라 의식 세계에도 큰 변화가 있게 됩니까?

승: 현재 나의 이 법문은 인간의 세계에서보다도 신들의 세계에서 더 관심이 있다. 살아 있는 모든 것은 자신의 길이 어디에 있는지를 알아야 하고, 인간들은 오욕이 크기 때문에 나의 말을 받아들이는 느낌의 강도가 약하다. 그러나 죽은 의식은 내 말을 들으

1부 변화기

면 진실이라고 알게 되기에 내가 하는 말은 신의 세계에 많은 동요를 일으키게 된다. 그런데 너희가 이러한 일을 앎으로 해서 자기의 삶에 더욱 충실할 수 있다. 세상의 일에 관심을 가지면 가지는 만큼 유익한 정보를 제공하게 되며, 그러한 관찰을 통해서 자신을 깨우게 되고, 자기의식의 깨달음 속에서 해야 할 일과 하지 말아야 할 일을 선택하게 되는 것이다. 이러한 선택적인 행동 속에서 자신이 구제될 수 있는 길이 있다.

Q 선생님은 이 자리에 오면서 항상 자신이 힘들게 살았다고 말하는 것은 무엇 때문입니까?

승: 나는 세상에 태어난 자 중에서 가장 힘들게 살았다는 말을 후세에 전할 수 있다. 내가 전한 것은 지금까지 존재하는 것 중에서 최고의 가르침이 될 것이다. 이 말 하나는 확신 있게 말을 할 수가 있다. 나는 이 시대를 위해서 나 자신의 운명을 결정해 가지고 왔기에 나는 천대와 멸시와 학대와 박해를 44년 동안 견뎌왔으며, 깨달음을 얻음으로서 절망과 좌절 속에서 살아왔다. 너희는 이게 도저히 이해가 안 될 것이지만 내가 하는 일은 달걀로 바위를 깨는 것과 같다. 내가 인류를 위해서 할 수 있는 일은 이 일밖에 더 방법이 없기에 나는 이 일을 하지만, 눈뜬장님에게 세상의 이치를 보게 하는 것은 너무나 힘이 드는 일이다.

Q 이치를 보게 하는 일이 어떤 것입니까?

승: 이치는 법칙을 말하는 것이다. 이 일이 힘이 들지만, 나의 말이 옳다고 생각하면 그것을 자신들 속에서 계속 관찰하고 확인하면 능히 세상에는 이치가 존재하는 것을 알게 된다. 모든 것이 이치 속에 있다는 그 뜻에 따라서 모든 현상이 다르게 나타나는 것을 알게 된다. 그래서 너희는 이러한 지혜로운 판단으로 자기를 위험으로부터 구출하고, 빛나는 자기를 창조할 수가 있다. 초가집에서 떨어지는 빗물 한 방울 한 방울이 바위에 구멍을 나게 한다는 말은 가능한 말이다. 그 물방울 하나가 뚝! 뚝! 떨어지다 보면 언젠가 바위에 구멍을 나게 한다. 그러나 나는 달걀로 바위 깼다는 이야기는 못 들어 봤다. 내가 왜 너희에게 절망과 좌절을 느낀다는 말을 그토록 많이 썼는지 그 뜻을 이제야 조금 이해하리라고 믿는다. 나는 눈뜬장님에게 세상의 이치를 말하고 있지만, 눈뜬장님은 이치를 볼 수가 없다. 내 말에 대해서 긴가민가하고 그것을 알려고 하면 하는 것만큼 골치가 아프다. 나는 세상에서 가장 큰 양심과 용기를 가진 자라고 자부하면서도 이 일만은 항상 주눅이 들어서 쩔쩔매고 있다. 이제 얼마만큼 내가 하는 이 일을 소중하게 생각하고 있는지, 이러한 일을 통해서 어떠한 새로운 일이 존재하고 있는지에 대해서 관심이 있다면 그런 일에 대해서도 물어라.

Q 선생님은 이 세상에 얼마나 머물 예정입니까?

승: 내가 이 세상에서 머물 수 있는 기간은 20년 정도이다. 이렇

게 함께하는 날이 얼마나 될지 정확히 모른다. 실제 지금까지 내가 한 사람을 찾는 데 3년 5개월이나 걸렸다. 이제 여남은 명이라도 우리가 이리 대화를 할 수 있듯이, 이런 것이 또 한 사람 한 사람 건너서 이렇게 전해지면 수많은 사람을 만나게 될 것이다. 그들에 의해서 인류는 새로운 인류로 이동하게 될 것이다. 이 인류가 멸망하는 게 아니고 이 인류가 인간이 창조한 최고의 문명과 함께 미래의 인류로 이동하겠지만 숫자가 매우 적다.

Q 육체를 가지고 이동할 수 있는지요?

승: 육체를 가지고 살아남는다는 것은 변화기 때 거의 불가능하다. 살아남는 것은 영적인 관계로서 살아남게 된다. 수십 년 안에 이 인류에는 최고의 생명공학이 일어나서, 능히 그 영혼들이 살아 있는 그 인자가 인간의 몸으로 태어날 수 있는 모든 기능을 존재하게 할 것이다. 사람들에게 몸을 가지고 살아남는 것은 너무 어려울 것이라고 하는 것은, 이 세상은 중력이 존재하고 그 중력을 만드는 원인은 기운이다. 그런데 이 기운이 이동하면서 중력대를 형성하고, 이 중력은 땅의 질서나 모든 생명체가 존재할 수 있는 그런 환경을 만들어 준다. 땅 표면이 약한 곳에서 중력이 약해지면 대폭발이 일어난다.

Q 지진이나 화산 폭발 현상이 중력대가 눌러주는 힘이 약해서 올라오는 것인지요?

승: 그럴 때도 있고, 상대적으로 땅속에 있는 지층구조에서 강력한 힘이 중력의 억눌림 속을 뛰어나올 수 있는 이럴 때는 일어나는데, 그것은 극히 미미하다. 예를 들어서 중력대에 변화가 오면서 그쪽이 폭발할 때는 엄청난 지각 변동이 오는데 그때는 해일 현상이 온다. 쉽게 말해서, 큰 풍선 안에다 물을 넣어 놓고 물을 어떤 파장 속에 흔들면 잠잠하던 물이 엄청난 소용돌이가 일어난다. 실제로 지구에는 헤아릴 수 없는 많은 질량의 해수가 존재한다. 이 해수가 지각 변동으로 뒤집히고, 수천 미터에 이르는 해일 현상, 파고가 오게 되는데, 그 수천 미터에 이르는 파고가 때리면 그냥 산산조각이 난다.

Q 삽시간에 인류 문명은 사라지는 것입니까?

승: 강력한 바위층이나 이런 것은 존재하겠지. 그러나 거기에 있는 흙 같은 것은 근방으로 이동만 하고, 그러한 요동 이후에는 땅속에 있는 열기와 해수가 만나게 되면서 증기가 발생한다. 이것이 어떤 자연현상에서 부딪칠 때도 마찰의 힘이 일어난다. 이러한 기운이 형성되면서 중력대 공간에 가득 차면 거기에는 자동으로 중력대가 완성되면서 이 땅 표면의 작용을 멈추게 된다. 그때부터 모든 생명체가 다시 살아날 수가 있다.

Q 이런 일은 알아야 문제를 풀 수 있을 텐데 저희도 알 수가 있습니까?

승: 사실 너희가 이런 걸 알려고 해도 아는 것이 불가능하다. 최고의 과학자들 앞에서 그들이 질문할 때 내가 대답할 수 있다. 수학을 모르는 자에게 이것이 미적분이라고 아무리 가르쳐 봤자 그 원리를 모르면 안 된다. 어느 한계까지 이것을 알게 되었는지 물어서 이야기를 들어 보고 그 말이 사실과 일치할 때 가능하다. 그런데 내가 볼 때, 이러한 문제점이 있고 이것이 다시 원점으로 돌아가서 이런 현상을 일으키고 하는 것을 가르쳐주고 들으면 누구나 문제를 쉽게 풀 수 있다.

Q 지난번 유럽 여행 때 뛰어난 과학자들을 만날 예정이라고 하셨는데 못 만났습니까?

승: 지난번에 과학자들하고 접촉하려 했는데 실제 못했다. 일 년 안에 유럽이나 미국의 대학이나 나사(NASA)의 과학자들과 만나서 그들이 가지고 있는 자료들도 얻을 수 있을 것이다. 그 자료로 나는 새로운 것을 볼 수 있겠고, 내가 본 것을 그대로 말하면 그들은 새로운 관찰과 이론의 완성이 가능하니까 상부상조하는 것이다. 이런 것이 최고의 문명을 만들 수 있는 그러한 기본이 아니겠는가?

Q 여래님은 한 변화기 이후의 삶만 아시는 겁니까?

승: 한 변화기 이후의 삶만 안다는 그 질문이 참 애매하니, 무엇

을 어떻게 물었는지 그걸 내가 좀 알아야겠는데?

Q 지구가 생긴 이래 변화기가 몇 번 정도 일어났는지요?

승: 엄청난 숫자의 변화기가 있었다. 지구가 오래되었고 지구에 살아남을 수 있는 유일한 존재인 인간은 변화기가 있었기 때문에 살아남을 수 있었다. 곡식이 열매를 맺고 죽음으로서 새싹을 얻을 수 있었듯이, 사람은 죽음으로 변화기를 통해서 새로운 세상을 얻을 수 있었다. 사람이 나고 죽는 원리나 작물이 나고 죽는 원리나 세상이 나고 죽는 원리는 똑같다. 거기에 존재하고 있는 여러 가지 이치를 통해서 보는 것은 똑같은데 거기에 존재하는 내용이 몇 가지 다르다. 환경에도 기체라는 충분한 기운이 없으면 생물이 자라나지 않고, 생명체가 존재하는 것은 자신을 어떤 바탕에 들게 하여 바탕에 있는 기운을 얻어서 성장 활동을 시작한다.

Q 변화기가 일어나는 원인이 기운이 약해지기에 일어나는 것인지, 기운이 누르는 힘이 약해서 지진이나 지각 변동 같은 게 일어나는지요?

승: 기운이 누르는 힘이 약해서 지각 변동이 일어난다고 이러면 남들이 웃는다. 그러니까 기층의 변화가 생김으로서 중력 속에는 많은 기운으로 가득 찬다. 그런데 기운이 약해지거나 강해질 때, 땅 표면에서는 이상 현상이 얼마든지 일어날 수 있다. 우리가 볼

수 없는 새로운 사실들을 거기에서는 보게 되는데, 이런 것이 변화이다. 어떠한 물질이 강해졌을 때와 약해졌을 때, 거기에서 그 물질 속에 존재하는 내용이 좋아지고 나빠졌을 때, 그러한 내용이 어떠한 역할을 하는지 항상 다른 걸 보고 관찰해보라고 해야 한다. 네가 기층이 약해졌을 때 누르는 힘이 약해서 그런다고 하면 사람들은 네 이론이 안 맞아서 웃어버린다.

Q 이것은 여래님이 옥스퍼드 대학에서 철학과 학생들에게 강의하실 때 하신 말씀인데요. 여래님께서 학생들한테 물으셨어요. '세상은 수백억 년 동안 존재해 왔는데, 세상은 어떤 원칙에 의해서 지금까지 미래를 존재하게 하는가?' 이렇게 물었을 때, 어떤 학생이 이렇게 대답했어요. '지구는 가까운 시일 내에 태양에 의해서 타버릴 것입니다.' 그리고 여래님이 그런 일은 존재하지 않는다고 말씀하실 때 '현대 과학자들이 말하는, 어떤 과학 정보지에 나왔던 글에 의하면 지구는 벌써 10만 년 전에 화석화되었을 것'이라고 말씀하셨거든요. 그러면 화석화化石化되는 이유는 어디에 있습니까?

승: 화석화된다는 것은 노화를 표현한 말이다. 생명 활동이나 어떤 활동이 창조나 진화의 활동이 일어나지 않고 화석화가 되므로 오랜 시간 보존이 된다. 만일에 과학자들의 주장처럼 그 속에 아무 일이 없이 4백만 년 동안 진화되어 왔다면, 지구에 있는 모든 생물은 노화되고 말았을 것이다. 그래서 멸종되든가 쓸모없는 것

들에 의해서 이 새로운 길이 모두 막히고 말았을 것이다. 그런데 그런 일이 존재하지 않는 것은 끝없는 주기에 의해서 모든 것은 반복하기 때문이다. 생각해보라! 죽지 않고 천 년을 산다면 90살 되고 꼬부랑 할아버지가 되어서 일도 못 하는데, 2백 살이나 되어서 무엇을 하겠느냐? 그러니까 중요한 것은 죽음에서 다시 태어나는 것이고, 그 태어남으로써 항상 건강한 활동이 존재하고 있다는 점이다.

Q 용어의 문제인데, 기氣하고 기운氣運은 용어가 다르거든요. 기운은 기가 움직인다는 얘기고, 사람이 일단 기가 막히면 졸도하게 되고 기가 돌면 살게 되는데, 여래님이 말씀하신 소용돌이는 어떤 균형이 없고 뭐든지 뒤죽박죽되고 힘이 막 부딪히는 것이고, 어떤 균형을 잡게 되었을 때는 그 기운이 자기 자리를 되돌아가게 되는 거지요?

승: 결국 사람들이 악으로 인해서 그 진실이 망했다. 그것은 생명력이 약해졌다는 것이다. 그 생명의 근본이 약해졌으므로 환경으로 소멸하게 되고 그 자리에 소용돌이에서 나타나게 되는 기운이 새로 차게 된다.

Q 거기에 있던 어떤 힘이 사람들의 귀중한 생명력을 완전히 없어지게 만들어버린다는 말씀입니까?

승: 내가 윤회설이나 변화설에서 말한 것처럼 모든 생명이 될 수 있는 원인은 윤회를 통해서 존재한다.

Q 윤회라는 것이 기가 돌고 있는 상태 아닙니까?

승: 기운이 몸에서 도는 것처럼 이 세상을 계속 돌면서 기와 생명과 신이 존재하게 된다. 이 기운 속에서도 보면 생명이 되는 게 있고 안 되는 게 있다.

Q 생명체에서 생명의 현상으로 나타날 수 있도록 도와주는 것이 기운이라는 것입니까?

승: 아직 생명으로서 나타나지 못한 것을 기氣라 하고, 생명으로 나타날 수 있는 것을 기운氣運이라고 말할 수 있을까요?

Q 기운은 문자 그대로 풀이하면 기가 움직이는 것이고 운동한다는 것인데요.

승: 생명으로 나타난 근원 체의 근원은 현상으로 나타나고, 한번 현상세계에 나타난 것은 계속 변하면서 현상계 속에서 존재하게 된다. 하지만 어떤 변화에서 나타나게 된 기운은 현상계와의 인연이 맺어질 때까지 현상으로 돌아오지 않고 말 그대로 기운으로서 존재한다.

Q 현재의 태풍이 수천 년 전의 것과 다릅니까?

승: 크게 다를 것은 없을 것이다.

Q 태풍이 일어나고 있는 원인은 사막이 있고 바다가 있고… 대부분
이런 현상 때문 아닙니까?

승: 열과 공기의 순환 속에 일어나는 소용돌이를 말한 것이다. 어
떤 소용돌이가 태풍을 만드는 원인이 되기 때문에 그것은 인간의
기운과는 다르다. 인간의 기운이 망할 때는 중력의 약화를 가져온
다. 지금까지 이 세상이 망한 역사를 관찰하면, 최고의 문명이 나
타나서 인간의 정신을 멸망시켰다. 내가 오늘 누워 삼매에 들어서
보고 왔다. 물질문명이 발달하자 인간의 정신은 더욱 약해지기 시
작했다. 정신이 약해진다는 것은 신의 약화를 말하는 것이다.

Q 물질문명이 발달하면 인간의 정신이 약해지는 가장 근본적인 이
유는 무엇이라고 보면 됩니까?

승: 진실성의 결여가 원인이다. 물질문명이 발달하면 인간의 공
동체가 무너지기 시작한다. 삶의 협력관계가 없어지고 고용자와
고용인의 관계가 계속된다. 과거엔 품앗이라는 게 있었다. 시골 농
사짓는 집이 서로 농사를 도우며 살았다. 이건 공동체다. 서로를
필요로 하니까 상대를 의지해 살지만, 물질 시대에선 인간이 인간

을 의지依支하던 의지意志를 잃는다. 자기 자신의 힘이 약화해 인간에게 의지하던 것들을 기계와 문명에 의지한다. 이런 현상이 인간 삶에서 진실을 말살하는 가장 큰 원인이다. 우리가 공동체를 이루어 갈 때는 나쁜 현상을 서로 경계하게 되는데, 결국 모든 것을 기계에 의존하게 되면, 인간에 대한 어떤 요구나 이런 게 줄어버리니, 그런 사회에는 큰 위선자들이 많이 존재하게 된다.

Q 물질문명이 발달한 사회를 산업화 사회라고 이야기하는데요, 그 산업화는 모든 걸 생산하는 과정이죠?

승: 그건 학교에서 가르치는 이론이다. 내가 여기서 할 수 있는 말은 이 문명은 인간의 욕구 추구의 결과이다.

Q 산업화라는 것은 모든 것을 만드는 것이고, 사람들은 능률에 의지하게 되고, 그 생산으로 이익을 보고, 이처럼 사회가 부가가치 생산성을 요구하는데요.

승: 그건 학교에서 가르치는 이론일 뿐이다. 진리를 가르치는 곳에서는 그런 식으로 보아서는 안 된다. 오늘날 인간들은 이러한 사회가 존재하게 될 때, 자신들이 겪게 되는 일은 하나도 생각하지 않고 단순히 돈을 벌기 위해서, 그리고 자신들이 가지고 있는 어떤 욕구를 충족시키기 위해서 이러한 문명을 만들게 됐다. 세상은 좋은 인간 사회를 만들기 위한 어떤 깨달은 자의 가르침에 의

해서 이러한 문명의 사회가 나타난 게 아니다. 결과는 어떤 삶의 진리가 존재하고 있는 게 아니고, 단순하게 그들의 편안함과 이익 추구라는 걸 이해해야 한다.

Q 지금 물질문명 사회에서는 가장 보편적인 욕구들이 거의 다 물질의 욕망이고, 그 물질을 소유하기 위해서 돈이 게재되고 그래야 편안한 생활이 보장된다는 게 위험하다는 거겠죠?

승: 그것이 인간의 진실을 망쳐 버리는 것이다.

Q 자신의 진실을 훼손하면서 물질을 소유하게 되고, 그 물질 때문에 자기 생명력을 약화하는 거지요?

승: 그래서 나쁜 현상은 나쁜 뜻을 가지고 오고, 나쁜 뜻은 나쁜 현상을 만든다. 좋은 뜻은 좋은 현상을 만들고, 좋은 현상은 좋은 뜻을 나게 하니 계속 반복해서 좋아진다. 예를 들면 나쁜 씨앗을 좋은 바탕에 심으면 자꾸 거기 있는 내용이 좋아진다. 좋은 씨앗을 나쁜 바탕에다 심어 놓으면 거기에 있는 내용이 자꾸 나빠진다. 그와 같은 반복 현상이 나타나고 있으니 너희는 많이 물어야 많은 것을 알게 된다.

Q 그러면 여러 가지 뜻이 현상을 일으킬 때는 진실성에 의해서 힘의 차이나 원력의 차이가 있을 거 아닙니까?

∸승: 현상이 사라지면 뜻도 사라진다. 현상이 없는 곳에서는 현상이 죽으면 뜻도 죽고, 현상이 나타나면 뜻도 나타난다.

Q 이동이라는 것을 잘 이해하지 못하겠습니다.

∸승: 생명의 세계에서 의식체는 자기 몸속에 있다. 중력대의 공간을 벗어나 머물 때 새롭게 나타날 인류로 이동해 태어난다. 변화기가 6천~7천 년을 주기로 세상에 나타나는데, 변화기가 없다면 세상 자체가 파괴된다. 자원의 고갈과 오염에 의해서 세상 자체가 자멸하는데 거기선 기형적인 것만 나타난다. 결국 모든 땅은 쓸모없어지고 물과 공기도 없어진다. 세상 대기층이 사라지면 지구도 달처럼 변한다. 세상에는 변화기가 주기적으로 존재하므로 인류가 끝없이 이어지고 있으나 너희는 절대로 두려워하지 말라! 이런 변화기가 과거의 세상에도 있었고, 미래의 세상에도 있을 일이다.

Q 저는 세상을 아무것도 모르고 살아왔는데 선생님의 말씀을 듣고 보니 어떻게 살아야 할지 많이 생각하게 됩니다.

∸승: 자신의 앞날에 얼마나 관심이 있는지, 생명의 소중함을 어느 정도 느끼는지에 따라서 이러한 일을 받아들일 수 있고 받아들이지 못하는 수도 있다. 너희가 이런 기회를 통해서 깨닫게 되면, 끝없이 밝은 앞날이 계속되고 내세에 가서도 끝없이 밝은 앞날이 나타나게 될 것이다. 의식체가 한번 자기 속에 쌓이게 되는 일은 기

운에 의해서 태어나기에 계속해서 쌓인 것이 반복된다. 거기에서 성질을 만들고 모든 일을 이해하고 받아들이는 기준이 설정되기 때문에, 한번 작은 깨달음이라도 얻는다면 두고두고 자기를 밝은 곳으로 인도하게 된다.

Q 선생님의 지혜를 한국 사회를 위하여 사용할 수 없습니까?

승: 한국에서 내가 앞으로 얼마나 더 머물 것인지는 장담할 수 없다. 한국에 있다가는 인류구원은 그만두고 나 자신도 구원하지 못하겠는데 머물면 무엇을 할 수 있겠는가? 나는 한국을 사랑했다. 솔직히 말해서 10년만 나에게 기회를 줬다면 한국을 1995년 안에 세계에서 가장 부유하고 정신이 건강하고 거짓이 없는 최고의 국가로 만들었을 것이다.

11 — 어두운 그림자

세상에서 일어나는 일과 사람 속에서 일어나는 일도 이치로 따지면 똑같다. 그러기에 나는 원칙을 통해서 모든 것을 알아본다. 이 시대에 수많은 사람이 어둠으로 들어가는 것은 종말이 오기 때문이다. 그런데 종말이란 한 세상의 주기가 끝난다는 말이지, 세상 자체가 영원히 파괴되는 건 아니다. 어떤 식물을 심었을 때 거기서 열매가 열리고 나무가 쓰러지는 것은 한 생애를 다한 것일 뿐, 물질 자체가 없어진 건 아니다. 이미 더 많은 생명 활동을 통해서 자신 속에 있는 것들을 결과 속으로 전달해서 열매 속에다가 담았다. 열매는 제 속에 자신을 존재할 수 있게 한 모든 일을 품었다. 그래서 다시 땅에 떨어지게 되면 땅의 기운을 받고 자라나서 열매를 맺는 똑같은 일을 반복한다. 과거의 자신 속에 있던 것을 결정체에 전달하며 한번 존재한 것들은 끝없이 자신을 존재하는 일을 하게 된다. 세상도 똑같다. 한 세상의 종말이라는 것은 저 시계의 바늘이 12시에서 1시로 되돌아가는 것과 같다. 0시를 출발점이라고 본다면, 인류의 출발점은 원시로부터 시작한다. 변화기가 와서 쇠붙이나 물질, 부품산업이 퇴보하면 결국 석기시대로 돌아가게 된다. 인구가 급격히 줄어들고, 먹고 살려고 돌로 연장을 만들고, 그걸 가지고 사냥도 하고 살게 된다. 오늘날 인구의 팽창으로 과학이 발달하고, 많은 공장이 들어설 수 있었다. 이 공장에서 각종 부품과 기구를 만드니까 이 기구에 의해서 많은 시험이 이루어질 수 있었다. 그래서 또 새로운 일들이 밝혀지고 있다.

Q 어떤 새로운 일들이 있습니까?

승: 유전공학이나 이런 것은 옛날부터 태초에 이미 정해진 일이다. 기구가 없었기 때문에 인간의 눈으로 확인하는 것이 지금까지는 불가능했다. 하지만 이제 이런 것을 확인할 수 있는 기구가 나오자 대학 등에서 많이 연구하고 있다. 그와 같이 현실 세계에 나타나고 있는 것은 모두 정해진 것이다. 이러한 한 주기를 넘어서면 새로운 출발점에 가는 것도 정해져 있다. 우리가 윤회를 이해할 때 시곗바늘을 보면 이해가 쉽다. 이런 문명사회가 삽시간에 원시 세계로 돌아가야 한다면 그때 어떤 일이 일어나겠는가? 지구에 불어닥친 파장으로 모든 문명이 사라져서 원시 세계로 돌아가는 것이다. 부품 공장이나 사람들을 놔 놓고는 원시 세계로 돌아갈 수가 없다.

Q 연도상으로 잘 이해가 안 됩니다. 학자들이 연구한 바에 의하면, 구석기시대, 신석기시대, 그다음에 청동기시대, 철기시대 이렇게 넘어오는 데 백만 년 정도로 보는데, 지금 5천 년 사이에 문명이

1부 변화기

일어날 수 있는지요?

승: 여기에 대해서는 이해하겠다. 인간의 사회가 가지고 있는 자료들은 추측한 바에 의해서 일어난 것이다. 그들은 한 사람도 당시의 사실을 확인한 사람은 없다. 한 세상이 멸할 때는 중력의 파장으로 지각 변동, 해일 현상, 지진, 화산 활동이 일어난다. 이런 활동이 일어나면서 삽시간에 모든 문명과 생명체들이 사라지게 된다. 그런데 어떻게 주기가 6천 년이나 7천 년이라고 하느냐고 묻는다면, 변화기가 시작되고 이어진 30만 년을 7천 년으로 나누면, 최소한 변화기가 40번 정도 왔다는 증거가 된다. 그 당시에 어떻게 그런 게 존재할 수가 있었는가? 이것은 있을 수가 없는 일이다. 세상에 공룡시대가 있었다면 다음 시대에 공룡시대를 만드는 것은 문제가 없다. 아직 그 기술이 안 나왔으나 유전자의 변형을 통해서 작은 물질을 큰 물질로 만들 수가 있다. 유전자가 어떤 대기 속에 있는 순수한 기운과 접착이 되면 생명체로 부활하고, 그때 거대 동물이 탄생할 수도 있으니까 앞으로 공룡이 절대 없으라는 법은 없다. 지금 유전공학이나 줄기세포를 연구한다는 것은 아무것도 모르고 그냥 실험만 하는 것 아니냐? 실험의 결과로 돌연변이는 얼마든지 나타날 수 있다. 내가 그렇게 말하지 않았느냐? 50+50은 수학에서 100인데, 이 수치는 절대적으로 수학이 생긴 이후로 바뀐 적이 없다. 세상도 수학처럼 끝없는 문제와 연결되어 있고, 문제 속에 있는 일들로 인해서 얼마든지 인간이 상상하지 못하는 일들이 발생할 수 있다.

Q 이 과학자라는 사람들이 추정한 내용은 정확한 확인 절차를 거치지 않는다는 것입니까?

승: 그들은 이상한 방법을 통해서 가설로 얼마가 되었는지 추측한다. 그것 때문에 사기꾼들이나 머리 잘 돌아가는 사람은 돈 버는 수가 있다. 이것은 고려청자니 조선시대 백자라고 하면서 그걸 무슨 색깔이나 이상한 기구를 가지고 구분한다. 요새 조금 머리 잘 돌아가는 것들은 백자를 구워서 그것을 하수도 구멍이나 얄궂은 썩은 곳에다가 일정 기간 덮어둔다. 그것이 연대가 많은 몇 백 년, 몇 천 년 전에 있었던 것하고 비슷한 형태로 변해서 감정하면, 서툰 감정사가 보면 맞는다. 그것을 오래된 조선시대 백자니, 고려청자니 해서 속인 일들이 있다. 사실 이런 변화기 이전에 있었던 일들을 어떻게 확인하겠느냐? 이 과학자나 학자라는 사람들이 추정한 것들은 이건 30만 년이 됐고 이런 공룡 발자국은 20만 년 전에 인류에 있었다고 말하는데, 신빙성이 없는 말이다. 아무도 확인을 안 했는데 그걸 왜 믿어야 하느냐?

Q 사람들은 유명인이 방송에 나와서 말하면 믿게 됩니다.

승: 너희는 누가 이해하기 어려운 말을 할 때는, 이런 일에 대해서 충분히 확인해 봤는지 물어야 한다. 그래서 확인을 아무도 안 해 봤다면 그건 믿을 필요가 없다. 이것은 추정된 추측 기사에 불과하다. 이랬을 것이라고 하는 단순한 추측 기사일 뿐이고 짐작일

뿐이다. 추측 기사란 것은 짐작을 보도한 것인데, 그러면 이해에 도움이 될 것인지 모르겠지만, 상상해 보라! 시간이 가면서 노화하지 않는 것은 하나도 없다. 만일에 모든 것이 원점으로 돌아가는 주기가 없다면, 땅을 20년 동안 비료만 사용하고 농사를 지으면, 그 땅이 노화되지 않고 그대로 있을 땅이 있겠는가? 노화되면 거기선 아무것도 안 된다.

Q 지구에는 어떻게 이렇게 많은 인구가 존재해 올 수 있었을까요?

승: 그건 다시 원점으로 돌아가기 때문이다. 세상은 항상 같은 일을 반복한다. 태양계가 어떻다, 신이 어떻다고 하면 확인해 봤는지 물어야 한다. 이런 파장이 지나가면 지구는 다시 원래의 모습으로 되돌아간다. 아이가 태어날 때 어떤가? 처음 정자와 기운이 혼합함으로써 인간의 생체 안에서 인간의 모습을 닮은 물질이 하나 배양되기 시작한다. 이게 배양이 되면 부모가 가지고 있었던 몸과 똑같은 몸이 아이의 몸속에서 형성이 된다. 부모 심장이 있는 자리에 아이의 심장이 자라게 되고, 부모의 뇌가 있던 자리에는 뇌가 붙고, 부모의 대장이 자리 잡았던 자리는 대장이 자리를 잡고, 부모의 콩팥이 자리 잡았던 곳에는 애한테도 콩팥이 자리 잡고, 아이는 커서 부모와 똑같은 삶을 살게 된다. 그리고 죽고 나면, 또 그 애가 낳은 자식이 똑같은 기관을 가지고 태어나니까, 세상도 지금 이 세상이 멸하게 되면 먼저와 같은 세상이 태어난다.

Q 이런 일은 어디서든지 볼 수 있습니까?

승: 콩나무를 통해서도 볼 수 있고 밤나무를 통해서도 볼 수 있고 감나무를 통해서도 볼 수 있고 저 사과나무에서도 볼 수 있고 심지어는 고등어를 통해서도 볼 수 있고, 모든 곳에서 볼 수 있는 것이 원칙이다. 이런 원칙은 절대 불변하는 것이다. 이 파장 때문에 너희의 영체가 잘못하면 파괴되어 버리고 자기 상실이 왔기에, 한 생애를 완전히 끝마치게 된다. 그의 생명이 형성되었더라도 파괴된다면 그 생명은 완전히 끝을 맺게 되고 그 생명은 종말을 했다고 본다. 세상이 볼 때는 한 주기가 끝나고 한 생애가 끝났다고 보는 것이다.

Q 지금 세상은 어두운 그림자가 다가오는 것 같습니다.

승: 이런 파장 속에 너희의 영체가 죽고 의식이 사라지면, 곧 사람의 몸에 붙어서 부활하게 된다. 그 성질이 사람과 똑같았기 때문에, 거기 가서 붙는다. 잘못 살아서 의식을 망치고 끝나버렸을 때는 모태 자체가 없어지는 것이다. 세상의 활동으로 새로운 모태를 받아들여야만, 그것이 생명체로 부활할 수가 있다. 하지만 꼭 그게 사람이 될 것인지는 모른다. 그래서 이 시대를 종말의 세상이라고 말하는데, 모든 생명체가 끝날 수 있다. 그런 시기에 와 있다고 해서 이 시대가 종말이라고 말하고 있다. 그 종말을 맞이하려는 세력의 힘과 압력이 너무나 크기에 나 자신조차 이 세력의

힘에 져서 세상을 조금만 의식하면, 그냥 몸이나 정신이 파김치가 되면서 좌절 속으로 빨려들게 된다. 그러니까 백 번 싸워도 어떤 날은 부딪쳐 보지도 못하고 지치고 좌절 속에 빠질 때가 많은데도 이 종말에 빠지고 있는 인간 세상을 구하기 위해서는 다시 일어나야 한다. 다시 일어나서도 힘을 쓰지 못하고 또다시 거기에 빨려 들어가니까, 그 압력에 의해서 좌절이 오고 또 좌절이 오고 그래서 수천 번의 좌절을 맞이하고 거기에서 일어서려고 노력하는 나의 이 투지가, 다음의 세상에서는 인간 세상의 가장 아름다운 추억이 될 것이다. 가장 큰 사랑이 될 것이며 가장 큰 가르침이 될 것이니 그래서 이렇게 너희 앞에 소개할 수가 있다. 세상에는 절대 공짜가 없으니 자기가 한 일은 항상 자기에게 있게 된다.

12 __ 과거의 문명

마야 문명에는 2012년 12월 23일에 인류의 종말이 온다는 기록이 있다고 하는데, 어떻게 이 사람들이 이런 일을 알고 있었는지 보면 그것은 간단하다. 너희가 한 번 듣고 마음에 입력한 것들은 날아가는 게 아니다. 컴퓨터 칩처럼 그것이 보관되었다가 다시 재생되고, 어떤 기회가 있으면 자기 속에서 나타난다. 인류는 이 시대에만 존재해 온 것이 아니다. 과거의 세계에서도 끝없이 존재해왔다. 그 세계에도 어떤 특별한 자가 와서 나와 같은 일을 했다. 분명히 세상의 일을 밝힌 자가 있었을 것이다. 그중에 그 말을 진지하게 받아들이는 사람이 있었다. 그들은 세상이 일정한 주기에 의해서 반복되고 이 반복되는 일은 어떤 인연 속에 있던 일로 인해서 있게 됨을 알았다. 그로부터 매우 높은 정신적 경지에 이르던 자가 죽었다가 한 2천 년이나 3천 년 후에 세상에 태어났다. 영생의 세계에 머물렀던 사람이 4천 년이나 5천 년 동안 세상에 오지 않아도 그 영체가 존재할 수 있다는 설명을 한 적이 있다. 이 사람이 세상에 와서 살아가다가, 자신의 의식 속에 있던 일들이 영감으로 자신 속에서 나타나게 된다.

Q 이런 일들은 신들도 알 수 없는 것이었습니까?

승: 인간과 접촉하고 있는 신들의 힘으로는 알기가 힘들다. 그는 일반 사람들이 그 시대에서 이해할 수 없는 말들을 남기게 됐다. 이런 사람들을 보면, 이야기할 때는 이상하지만 일할 때 보면 딱 부러지게 분명하게 하니까 사람들이 질의하고 그런 사람의 말을 기록해 놓았다가 전한다. 업이 약하면 뛰어난 지도자가 된다. 공부하면 학문 계통에서도 크게 이름을 남기게 되고, 군인이 되면 최고의 작전을 할 수 있는 장군이 될 수 있다. 정치하면 수반이 될 수 있고, 사업을 하면 큰 부자가 된다. 좋은 의식이 존재하기에 좋은 것을 얻어내는 결과이다. 좋은 씨앗을 심었을 때 좋은 열매를 만드는 것은 우리가 항상 보는 일이다.

Q 현상계에 영향을 안 받고 살아남는 곳도 있습니까?

승: 현상계의 영향을 안 받고 살아남으면 좋지만 산다는 것은 꿈과 소망을 얻을 수 있는 길 아니냐? 우리가 가진 것에 의해 활동이 있으니 자기가 세상에서 산다는 것은 꿈과 소망의 길이고 살아남는 것은 매우 중요한 일이다. 이러한 일은 두 가지가 있다. 너희가 어떤 환경에 의해서 죽더라도 그 몸은 죽지만 실제 영혼이 죽는 것은 아니다. 자동차 사고로 인해서 죽었다 해서, 그것은 몸만 죽는 것이지 영혼이 죽는 게 아니다. 어떤 환경에 의해서 파장이 와서 벽 밑에 깔려서 죽었다 하더라도, 그건 몸의 기관이 파괴되고

몸이 그로 인해서 생명의 활동이 정지되는 것이지 그 영혼이 죽는 것은 아니다. 인간 세상에서, 즉 현상계에서 죽음이라고 말하는 것은 생명 활동이 정지된 상태를 말한다. 하지만 진리에서 보면 진정한 죽음은 영원히 죽는 것이다. 사형을 처했다면 그것은 한 포악한 인간에 대한 사회적 처벌로써 생명 활동을 정지시킨 것이지 영원히 죽일 수는 없다.

Q 만일 여래님이 가신다면 이 세상에 대해서는 뜻에 맡기겠다고 하셨는데, 훗날 이 세상 사람들은 그 최고의 신에게 기도해야 할 일도 없을까요?

승: 인간의 생활을 하다 보면, 나쁜 사람들이 참 많고 선량한 사람은 살아가기가 힘이 든다. 항상 옳게 사는 것이 옳은지 가치 판단이 매우 어려운 사람들도 있을 것이다. 그럴 때 자기의 외로움을 해소하기 위해서 조물주나 어떤 상대를 설정해 놓고 그분에 대해 경배를 하는 것은 옳다.

'나는 옳은 삶을 통해서 그분의 곁으로 가겠다. 이 삶 속에 길이 있기에 나는 옳은 길을 가기 위해서, 그분의 곁으로 가기 위해서 나는 이 힘든 삶을 이겨 내겠다.'

그러한 정신으로써 하나의 상대를 설정해 놓고 경배하는 것은 좋은 현상이지만, 가르침이 없는 곳에 배우겠다고 가는 것은 옳지 않다. 진리를 외면하고 경배만 하는 것은 옳지 않은 일이다. 농사꾼이 농사를 열심히 지어야 좋은 추수를 얻을 수 있다. 신만 믿다

가는 결국 그 농사 망치게 되니, 자신이 하는 일을 소중하게 생각하고 옳은 자를 경배하는 것은 당연하다.

Q 영체도 무게가 있다고 보아야 하는지요?

答: 영체도 실제로 무게가 있다고 보아야 한다. 산 자의 몸과 죽은 자의 몸을 저울에 달았을 때, 죽기 전과 죽은 이후에 저울에 달았을 때, 얼마의 차이가 났다는 이런 통계가 많다. 물도 먹지 않고 대소변도 누지 않은 상태에서 죽기 전과 죽은 이후에 달았다면, 거기에서 몸에 있는 그 기운이 더 나가는 것은 기운의 작용이라고 보아야 한다.

Q 사람들의 의식이 망해 가는데 저희는 어떻게 살아가야 하나요?

答: 세상을 다녀본 결과 세상은 하루하루 망해 가고 있다. 인간 사회에 혼란이 오니, 언제 종말이 온다는 연대하고 날짜는 정확하게 지적을 안 하겠다. 그 날짜를 정확하게 알기 위해서는 중력이 계산되어야 하는데 과학자들이 관찰한 자료가 없으므로 계산해 낼 수가 없다. 언제 어떤 기체가 어떻게 흐를 때는, 중력의 기반 위에서는 어디에서 어떤 파장이 있는지, 그 지역에서는 어떤 현상이 나타나는지 정확하게 계산해야 한다. 그런데 중력이 보이지 않으므로 이것을 아는 것은 인간뿐이다. 세상의 가장 중심이 인간이고, 인간의 정신을 보면 세상의 주기를 계산해 낼 수가 있다. 이전의 세상과 10년 후가 지난 세상은 천지 차이이다. 이전에는 여행 하면, 사람들은 순수했는데 지금은 세계가 사기판이다. 어느 곳에서나 속이려고 하고 고등수법을 쓰기 때문에 안심하고 살 곳이 없다. 그래서 너희는 어떻게 자기를 구원할 수 있는지 자기의 모태를 지킬 수 있는지 이런 점을 잘 살피고 이해해야 한다. 모태가 상하지 않으면 계속 부활한다. 영체가 어떠한 고요함 속에 빠져서 높은 곳으로 이를 수 있는지, 이것만 계산해 내면 모태를 보존할 수 있고, 그래서 너희는 자신을 지킬 수가 있을 것이다.

Q 이제 한 20년 후에 열반 세계에 가셨을 때요, 그 후에도 세상은 존재하고 있을 것 아닙니까?

승: 세상은 영원히 존재한다고 볼 수 있는데, 과거의 예언에 나타난 그 변화기가 온다는 것은 사실이다.

Q 지구는 12만 9천 6백 년 동안이나 기울어 있었는데, 변화기가 올 때 어떻게 되는지 알고 싶습니다.

승: 십이만 몇 년이라고 했느냐?

Q 십이만 구천육백요.

승: 뭘 보고 그런 소리를 하는지 모르겠다. 너는 책을 보고 모르

는 말을 하고 모르는 사람이 한 이야기는 믿지 말라! 완전한 깨달음에 이른 석가모니가 그런 말을 했다면 믿어도 좋다. 그러나 그 말을 한 사람이 세상에 이름도 없는 사람이 말을 했다면 믿지 말라! 그가 12만 년 전에 있었던 일을 알 수 있다면 대단한 자인데, 12만 년을 살았다는 것이냐?

Q 세상에 변화기가 왔을 때 옳은 진리를 저희에게 남겨주고 가신다면 우리 생활과 밀접한 작은 것들에도 변화가 일어납니까?

승: 작은 것이란 무엇이야?

Q 이를테면 달력의 변화 같은 것들 말입니다. 지금 달력은 양력이 28일, 29일, 30일, 이렇게 있잖아요?

승: 그때 가봐야 알겠는데, 지구의 회전이나 이런 데는 큰 변화가 안 올 것이다. 이것은 우주 관계이기 때문에, 실제 우주는 우주의 법칙으로 존재하고 세상은 세상의 법칙으로 존재한다. 달력이라면 인력이 바뀐다는 말 아니냐? 우주의 법칙으로 봐야 할 때 걱정 안 해도 되겠다.

Q 종말이 더 좋은 시작이라는 것의 의미가 무엇입니까?

승: 좋은 시작도 될 수 있고 나쁜 시작도 될 수 있는 것인데, 어

떤 원인이 존재하는지에 따라서 좋은 것을 만들 수도 있고, 나쁘게 변할 수도 있다. 내가 '종말이 오면 세상이 좋아질 것이다' 그렇게 말했다는 것이냐? 내가 한 말이라면, 내가 책임을 져야 하겠지! '미래의 세계는 좋은 세상'이라고 말한 것은 변화기 이후의 세계를 말한 것이다. 세상이 존재하는 구조와 그 역학관계는 너무나 오묘하다. 이 구조가 가지고 있는 역학관계에 의해서 인류는 영원히 존재하게 되어 있다.

Q 변화기 이후에 미래의 세계는 왜 좋은 세상입니까?

僧: 세상의 모든 생명체는 기운을 지키고, 그 기운은 생명체를 만들고, 그 생명체는 또 기운을 만든다. 어떤 물체가 강한 충돌을 할 때, 거기에서 어떤 기운이 나타나는 것을 목격하게 된다. 땅이나 물의 신선한 기운들이 소용돌이 속에서 밖으로 나오고, 밖에 있던 것은 그 기운이 완전히 죽어서 속으로 들어간다. 그래서 생명체도 정밀하게 검토하고 분석하면, 기운에 의해서 만들어져 있음을 안다. 즉 기운을 근본으로 해서 생명체가 존재하게 된 것이다. 그래서 이 나쁜 것이 변화기 속에서 전부 다 소멸하고 새로운 것이 난다. 그래서 변화기가 지나고 나면 청정한 세상으로 다시 온다는 것이다.

Q 그러면 기운이 가지고 있는 깨끗함의 여부에 따라 가해지는 피해도 달라집니까?

승: 그래서 미래의 세상에는 좋은 생명이니까 진리를 좋아하고, 알기를 좋아하고, 너희가 있는 문제를 깨닫기를 원하고, 그런 것을 해결하고자 하는 자기를 찾는 자들만이 살아남게 된다. 너희가 이 문제에 관심을 가지고 문제를 찾고 문제를 보고자 하고 문제를 해결하자는 의지는, 의식 속에 좋은 기운이 존재하기 때문에 가능한 것이다.

Q 1992년 12월 21일부터 2012년 12월 21일까지 20년이 변화기를 맞이하기 위한 인간 세계에 정화를 준비하는 단계라고 마야 사람들이 지적했는데, 선생님이 보시는 사실 속에도 20년 사이에 준비단계가 있는지요?

승: 준비단계는 없고 같은 일이 세상에서는 계속 되풀이되는데, 1990년을 기점으로 세상에서 종말 현상이 일어나고 있는 건 사실이다. 어떤 종말 현상인가 하면, 인간이 타락하기 시작했고, 인간 세계에서 인간들이 물질적인 욕심이 강해졌다. 또 영들이 인간의 세계에 와서 죽은 자가 너무나 많이 활동하고 있다. 기상이변이 슬슬 일어나고 있고, 천재지변이나 지진 현상과 화산 활동 그리고 해일 현상과 폭우 같은 것이 일어나고 있다. 이런 것은 중력의 영향으로 인해서 생기는 것이다. 마야 사람들이 중력을 눈으로 볼 수 없었고, 그런 데 대해서 정확한 판단을 못했으므로 현재 이와 같은 말을 하고 있다. 종교들이 이런 과거의 기록을 읽고 개벽이니 뭐니 하고 있는데, 그들은 아무것도 모르고 있다. 신이 이런

일을 알 것 같으면, 세상에 무슨 문제가 있겠느냐?

Q 선생님은 신神이 모르는 것도 알 수가 있습니까?

승: 이 시대는 변화기에 직면해 있다. 윤회로 중력이 유지되고 모든 만물이 회전하는 힘으로 중력이 존재한다. 이러한 중력을 통해서 모든 윤회가 가능하다. 이 중력이 없으면 윤회가 안 되는데, 그중에서 가장 강한 중력대의 힘을 발생하고 있는 것이 인간의 영체이다. 정신이 나약한 사람의 정신이 파괴되어 버리면, 영체가 조성이 안 되고 영체가 아주 나약하다. 그래서 사람의 기가 흩어져 버리면, 그 영체가 메말라 버리고 기운이 현상세계로 몰리게 된다. 삼각대가 있는데, 근본 세계에서 영체가 윤회하지 못하고 현상세계로 몰려오니까, 두 개가 기울고 중력대의 영향으로 땅이 요동한다. 누르고 있는 중력에 의해서 평온하고 모든 게 자리를 잡고 있는데 기우니까 흔들리고 처음 오는 게 해일 현상이다. 조금만 지각이 흔들리면 바닷물이 역류하지 않겠느냐? 해일 현상이 오면서 다음에 땅속에 무서운 불기둥이 있는데 화산 폭발과 지각 변동이 일어난다. 그리고 요동을 치면서 땅이 깨지고 해일 현상이 일어나고 불기둥이 솟고 모든 문명이 사라져 버리고 바다 밑으로 땅속으로 잠겨 버리고 인간이 극소수로 살아남는다.

Q 변화기가 지나면 이 지구의 무게가 줄지 않습니까?

승: 지구의 무게는 수만 년이 지나도 줄지 않는다. 항상 같은 숫자를 유지한다. 여기에서 날아간 것만큼 또 대자연에서 운석 등이 날아와 떨어질 수도 있다. 그래서 이 지구의 무게는 언제나 극히 미미한 차이를 보이면서 그 균형을 유지하고 있다. 이 균형이 유지되는 한, 지구의 영원한 종말은 존재하지 않고, 한 세상의 종말이 올 때는 꼭 깨달은 자가 오고 가장 진실한 자가 와서 인간과 모든 생명체의 존재의 길을 가르쳐준다. 너희는 사랑을 통해서 자신을 얼마든지 구할 수 있고, 너희가 마음을 태워 버리면, 지구의 대폭발로는 순수성 있는 그 생명의 원소를 잡을 수가 없다. 나는 이 생명의 실체를 밝히기 위해서 과학자들을 만나려고 하고 있다. 한국에서는 말해봤자 말이 안 통하니까, 미국이나 영국이나 소련이고 이런 데를 찾아다니는데, 실제 내가 이 일을 하는 동안에 나는 사면초가다. 밖에 가서 나쁜 사람들이 들으면, 그 사람들은 헛소리만 하고 사는데, 내가 진실을 말하고 있으므로, 자기들은 진실을 모르니까, 자기들 밥그릇 깨는 소리만 한다는 것이다. 사실 신들도 죽은 자의 세계를 모른다.

13 — 종말의 징조와 교육의 진실

이런 뉴스를 본 적이 있을 것이다. 터키에서 지진으로 수만 명이 죽었다. 그리고 한두 달도 안 돼서 대만에서 또 큰 지진이 일어서 수천 명이 죽었다. 이번엔 멕시코에서 또 지진이 일어나서 수백 명이 죽었다. 이런 지진 현상은 왜 일어나는지는 내가 앞에서 이 시간에 계속 설명해 왔다. 세상 자체도 자기 속에 있는 일을 통해 활동하며, 노쇠 활동을 통해서 죽음이 있고, 그 죽음을 통해서 다시 난다. 이 중력대에 변화가 온다는 것은 과학에서는 아무도 밝혀낼 수가 없었다. 이 중력대에 변화가 오므로 지표면이 약한 곳에서는 일정한 중력이 뒷받침해 주지 않으면 폭발이 일어난다. 가장 많이 일어나는 게 지진이고, 지진이 커지면 지각 변동이 일어난다. 중력의 상실이 심한 곳에는 지표면에 있는 열과 기운이 밖으로 폭발하려는 기운에 의해서 지각 변동이 온다. 이때 엄청난 해일 현상이 일어나고, 해일 현상에 의해서 인간이 지금까지 쌓아온 모든 문명이 삽시간에 사라지게 된다고 설명했다. 이런 일이 바로 이 시대에서 일어나게 되어 있다.

Q 왜 이런 일은 일어나는 것입니까?

승: 모든 것은 하나의 과정을 통해서 계속 반복된 행동을 하게 되는데 이 세상도 구조역학으로 되어 있다. 있는 것들에 의해서 그 활동에 차이가 생기게 되고 일어나게 된다.

Q 예언자라고 하는 이들이 반복 현상의 원리를 알고 종말을 말했을까요?

승: 종교가들이나 옛날에 태어났던 예언자들은, 사실 깨달아서 있는 일을 보는 사람들이 아니라 일시적인 현상을 본 것이다. 프랑스에서 태어났던 노스트라다무스 같은 사람이 설명한 내용에 보면, 자기는 약물을 먹고 무엇을 했더니 미래에 일어날 환상들이 보이기 시작했다고 해서 기록해 놓은 것이 4백 년 동안 거의 일치했다는데, 예언자라는 사람은 이런 환상을 본 것이다. 세상을 존재하게 하는 원리를 본 것이 아니라 환상을 보고 말했는데, 그 환상이 이 시대에서 일어날 것이라 예언했다는 것이다. 그러나 나는 있는 사실을 본 것이고 그들은 모두 환상을 본 것이다. 세상의 모든 것은 끝없이 반복되고 있고, 이 반복되는 과정에서 좋은 일과 나쁜 일이 생기게 되는데, 이 좋은 일과 나쁜 일은 세상에 있던 어떤 행위의 법칙으로 일어난다. 세상에서는 인간을 만물의 영장이라고 하는데, 세상의 주인은 사람이다. 사람의 행위로 인류의 멸망도 올 수 있고, 변화기를 통해서 축복되는 세상을 만들 수도 있다.

지금 세상은 있는 일에 대한 어떤 원칙의 가르침이 존재하지 않기 때문에, 사람들은 생각으로만 세상을 이해하려 한다. 원칙이 없으니 확신으로 이해하기가 어렵다.

Q 과학자들이나 신문, 방송에서 지구온난화에 대하여 사회 논쟁거리가 되는데, 중력과 종말이 연관이 있는지요?

승: 나는 이번 미국 여행 중 대학에서 근무하고 있는 현직 과학자들을 만났다. 그들을 통해서 매우 중요한 몇 가지의 정보들을 얻게 되었다. 지금 지구온난화 현상이 일어나고 있는 원인을 추적한 결과, 중력대에 균열이 생기게 되는 원인과 파장에 대해서 알수 있었다. 이 중력 층의 균열에 대해서 이해를 하려면 먼저 상당한 기초적인 지식을 가지고 있어야 하는데, 어떤 과학자를 통해서도 알 수가 없었다. 그래서 내가 어떻게 설명하면 과학자들을 쉽게 이해시킬 수 있을지 지금 고민하고 있다. 종말 현상의 원인은 중력대 균열 현상을 통해 일어나는데, 그 시작은 지구온난화 현상으로부터다. 지구온난화 현상의 원인은 중력의 층이 약해지면서 지하의 핵 활동이 시작하기 때문이다. 이런 사실들을 그들에게 이해시키고 싶었지만, 그들은 마이동풍이었다. 중력대 균열 현상은 시간에 따라서 빠른 속도로 핵 증폭 작용이 이루어지고, 에너지가 증폭되면 지표면에 폭발 현상들이 생기게 된다. 이 현상에 의해서 지구에는 인류가 사라지게 되는데, 나는 이런 일을 두고 한 세상의 종말이 가까워지고 있다고 말하는 것이다. 조금 상세하게 이해

1부 변화기

하기 위해서는 기초적인 지식을 가지고 현실 속에 있는 일들을 확인해야 한다. 그런데 과학자들은 그런 준비가 돼 있는지, 이 부분을 대답할 수가 없는 것이, 내가 아무리 설명해도 그들이 가진 자료를 확인하지 않고는 누구도 알아볼 수 없기 때문이다.

Q 신문 기사에 어떤 과학자가 어디에 공룡 뼈를 봤더니 백만 년 전이라고 하던데, 믿어도 됩니까?

승: 그냥 어떤 과학자가 밝혀냈다는 것을 의식 안에 저장하면 일반 사람은 책임이 없다. 하지만 나는 그 뼈가 백만 년 전에 실존했던 화석이라는 것을 입증할 증거가 없으면 믿지 않는다. 내가 믿지 않는 것은 확실한 증거를 갖고 있기 때문이다. 이 윤회라는 말이 전부터 있었다. 모든 것이 같은 일을 반복하는 것을 수레바퀴처럼 돈다 해서 윤회라고 했다. 이 세상도 알고 보면 구조역학으로 되어 있고 거기에도 기관이 있다. 그 기관이 바뀌는 대로 어떤 현상이 나타나기에 구조역학으로 봐야 하고 살아 있는 거대한 생명체로 봐야 한다. 끝없이 자기를 존재하게 하는 방법은 계속 같은 일을 반복하는 윤회의 법칙이다. 이 거대한 생명체도 윤회하고 있다. 세상도 같은 일을 반복하고 있는데, 가까운 장래에 세상은 변화기를 맞게 된다.

Q 변화기가 무엇인지 다시 한 번 설명해 주십시오.

승: 현재의 곡식을 추수하고 씨앗을 거두고, 새로운 부활을 위해서 모든 열매를 맺지 않은 생명체가 사라지는 것을 의미한다. 이런 일을 두고 종교 계통 같은 데서는 종말이라고 하는데, 여기서는 이런 종말을 말하는 게 아니라, 이것은 세상이 끝없이 살아가기 위한 활동에서는 불가피한 행위라고 말한다.

Q 모든 의식체는 종말을 맞이해야 합니까?

승: 꼭 종말을 맞이해야 한다고 정해져 있지는 않다. 이 세상에서 생활하다가 보면 법률이라는 게 존재하고, 운이 없으면 법률에 저촉받아 재판받고, 재판하는 사람들은 기준에 의해서 재판한다. 이같이 세상이 정해놓은 기준에서 벗어났을 때는 전멸인데, 그 이치를 종말이라 말한다. 이 기준에서 벗어나지 않는 것은 그대로 보존이 되어서 죽고 부활할 뿐이다. 이때 세상에 처음 모든 것이 사라지고 나면, 생명체는 세상의 활동으로 나타나게 되는데, 변화기가 지나고 생명체들은 급속히 부활하게 된다.

Q 공룡이 변화기로 인류가 멸망하면서 멸망했다고 본다면, 그 시대의 공룡이 시체로 남아있을 수 있는 어떤 문명의 잔재들도 남아있을 수 있지 않을까요?

승: 우리가 전하여 듣고 상상한 바에 의하면 공룡은 매우 크다고 볼 수가 있기에 공룡을 인간의 손으로 마음대로 다루지 못했다.

오늘과 같은 과학의 시대가 있었다면 문명의 힘을 이용해서 그 공룡을 사살할 수가 있었다. 옛날 우리나라에 호랑이가 있었는데 문명이 발달하면서 호랑이들이 사라졌고 곰도 많았다는데 웅담이 약 된다니까 곰도 사라졌다. 한편 공룡이 인간들이 만든 무기에 의해서 멸종될 수도 있었다고 가정할 수도 있다. 공룡이 지배하던 세계가 있었고, 문명이 발달하지 않는 세계에서 공룡이 멸종했다면 어떤 환경이 존재했기보다는 변화기 때 멸종했다는 게 맞을 것이다. 어떤 환경이 있었다면 그것은 모든 생명체가 동시에 그 환경의 영향을 받아야 했다. 그럼 모든 생명체가 멸종해야 했다. 두 가지 설에 의해서 공룡의 멸종을 관찰할 수 있다. 하나는 인간이 개발한 새로운 무기의 힘에 의해서이고, 하나는 변화기 때 일어났던 일들에 의해서이다.

Q 실제로 이 변화기가 있었다는 걸 증명할 수 있는 것은 많이 있습니까?

승: 실제 변화기가 오면 인간 자체도 살아나는 숫자는 몇 명이 안 된다. 너희가 살아남는다는 것은 영적인 삶을 통해서 있는 일을 가져온다는 것이다. 삶을 통해서 내세 생명의 세계로 복귀하는 것이다. 복귀할 때 의식 속에는 이미 지능이 쌓여 있고, 그것은 새로운 생명으로 태어났을 때 나타나게 된다. 새로운 생명이 부활하면서 모체에 있었던 것을 똑같이 볼 수가 있었듯이 내세에는 고등 인간으로 태어난다. 대부분은 인간의 형상을 가진 인간으로 복귀

하게 될 것이다. 하지만 이 변화기가 현재와 같은 상황에서는 상당히 절망적이다. 이상한 것은 6천 년이나 7천 년에 한 번씩 변화기가 왔는데도 지구상에서는 이 변화기에 대해서 정확한 기록이 없다는 점이다. 변화기가 있었다고 증명할 수 있는 것은, 실제 석상 같은 것들이다. 이런 석상의 연대를 추정하면 길게는 만 년까지도 볼 수 있는 게 있는데, 바다 밑에서 발굴됐다고 한다. 즉 변화기 전에 만든 것이 바다에 가라앉았다는 것이다. 석기시대에 돌로 석상을 만드는 건 힘든 일이다. 뜨거운 쇳물로 철을 녹여 도구를 만들어야 석상을 만들 수 있었으므로 쇠의 강도도 중요하다. 물질의 성질과 강도를 조절할 수 있는 사람들이 있는 사회라면 변화기 후 2천 년 정도는 지나야 한다.

Q 오늘날 우리 사회에서 종말이라는 말은 하지만 실체가 없고 추측만 난무합니다.

승: 변화기는 세상이 영원히 새로운 세상으로 회귀하는 과정을 말한다. 그런데 어떤 환경의 변화로 지구가 영하 몇십 도가 된다는 식의 '카더라' 하는 말들이 많다. 사람들에게 이 일이 전해지지 않는 것은 인간의 영혼이 망함으로써 세상에 진실이 드러나는 것을 두려워한 신의 장난이다. 그래서 있었던 일들이 인간의 기억 속에서 사라진 것이다. 그러니 자신이 영혼을 있게 하는 모체이고 영혼은 미래의 영원한 자신을 있게 하는 길임을 기억하라. 항상 어떤 일을 알고자 할 때는 모든 문제를 상식적으로 생각하면 된

다. 수학 계산하듯이 '이런 일이 있어서 이런 일이 있을 수 있다'고 보는 것이다. 지금 과학자 세계나 대학 같은 곳에는 말을 만들고 가설이 많으며, 이런 추측설은 대부분 틀리다.

Q 빙하기가 오는 이유는 무엇입니까?

승: 지구에 열대지방과 빙하지방이 생기는 것은 태양과 지구의 각도에 의해서이다. 만일에 이 변화기에 지각 변동이 있어서 한국의 지축에 변화가 생겼을 때 한국 자체가 빙하지대로 변할 수도 있다. 반대로 남극도 열대지방이 될 수도 있다. 태양을 그대로 받는 뜨거운 곳이 있는가 하면 태양의 열기조차 느낄 수 없는 곳도 있다. 빛을 어떤 각도로 비추는지와 보이지 않는 물질을 통과하는 과정에서 열대와 한대지방이 생긴다. 이곳의 말이 혼란스러운가. 책을 통해 배운 것 중 설명이 잘못된 게 있어서다. 당시에 사진을 찍고 연대를 기록해 전해졌다면 차이가 적었겠지만, 지금은 추측의 차이가 생기게 되었다.

Q 과학은 대부분 가설이 아닙니까?

승: 가설은 확인하기 전까지 사실 여부를 말할 수 없다. 학교에서 가설을 근거로 어떤 이론을 만들어낼 때 확인이 있어야 한다. 그런데 역사 속에 있었던 일은 확인할 수 없으니 확인을 안 한다.

Q 세계의 유명 대학은 거의 미국에 있는데, 여행의 성과는 좋았는 지요?

승: 미국의 세계 10대 대학, 1위부터 10위권의 대학을 모두 방문했다. 이 테이프가 완성되었을 때, 과연 이곳에서 배우는 것과 세계의 명문대학 하버드나 옥스퍼드나 콜롬비아나 프린스턴 같은 데서 배우게 되었을 때의 결과를 이해하는 데 많은 도움이 될 것이다. 너희는 기초지식이 부족해서 내 말을 쉽게 알아보지 못하는 것이 안타까운데, 나도 사실 사회에서 활동하는 동안에 많은 시간 동안 사람들에게 속아왔다. 내가 알고 있는 일을, 상대가 먼저 말했다. 그래서 나는 처음 그들이 알고 말하는 줄 알았는데 시간이 가면서 확인해 본 결과, 아무도 그런 일에 대해서 알고 있지 않았다. 그들이 알고 있는 것은, 책을 보고 외운 내용이었다. 이번 주말이 끝나고 3월 초에, 여행했던 내용이 CD로 만들어져서 너희가 들을 수 있게 될 것이다.

Q 얼마나 많은 사람을 만났습니까?

승: 미팅 대상만 한 20~30명 될 것이다. 그들에게 내가 알고 있는 사실을 물었더니, 단 한 사람도 자신들이 활동하며 배우고 가르친 분야에 대해서 제대로 아는 사람들이 없었다.

Q 교육의 진실에 대하여 무엇을 보았는지요?

승: 신문이나 방송을 통해서 들은 내용 중 하나다. 해마다 세상에서 최고 뛰어난 두뇌를 가진 자들이 모여서 회의하고, 그중 가장 뛰어난 인재를 선정하고 논문도 수상하는데, 논문으로 상을 받은 사람조차 자신이 발표한 논문의 실체를 모르고 있었다. 한 과학대학 교수에게 '과학이 무엇인지' 정의를 내려보라고 했더니 그는 과학은 가설이라고 대답했다. 그들은 기초부터 우리가 알고 있는 것과 다르게 가설이라고 한다. 가설이라는 말은 어떤 가정을 예측하고 설계한 뒤 시험해본다는 것이다. 그러나 그들은 반대로 어떤 가정을 세우고 이런 일은 이럴 것이라고 테스트하는데, 정작 실체를 밝히는 데는 불가능한 일을 하고 있었다.

Q 2004년도 세계물리학계에 이변을 초래한 과학 대상은 중력 문제에 관한 연구였다는데요?

승: 너희는 TV나 방송을 통해서 그리고 책과 논문을 통해서 중력이라는 단어를 접해보았을 것이다. 사람들 대부분 중력이란 말이 뭔지 안다. NASA에서도 중력을 연구하는데 정작 그곳에 종사하는 과학자라는 이들까지도 중력의 실체에 대해서 모른다. 나는 여행 중에 중력학자들을 만나야 했기에 중력에 대해서 말로는 2시간 동안 공부했다고 했다. 하지만 평생을 그 분야에서 연구한 사람하고 대화하는데, 그들은 나를 이상한 사람으로 보았다. 나보고 '미친놈'이라고 한 사람도 있다. 프린스턴대학의 철학 교수가 하는 말이, 자기는 살면서 나 같은 사람을 만나봤는데 정신병자였다고까

지 했다. 나는 그 자리를 나오며 그에게 많은 도움이 됐다고 말하고 나왔다. 말 한마디 잘못하면 미친놈으로 몰릴 지경이다. 원칙과 문제를 모르고 과학자를 만났다간 큰일 나겠다 싶었다. 그러나 과학자들과 대화 대부분은 나의 일방적인 설명이 주를 이뤘다. 그들은 질문도 못했고 앉아서 듣기만 했다.

Q 중력에 대한 어떤 정보가 필요한지도 대답하지 못했습니까?

승: 그들은 중력의 실체가 곧 밝혀진다고 했다. 어떻게 실체를 밝히는지 물었더니 무엇을 쏘았다고 하고 테스트한다고 했는데, 그런 방법을 통해서 중력 속에 있는 비밀을 밝힌다는 것이다. 그래서 내가 웃고 한 말이 이랬다. "중력이란 육안肉眼으로 관찰할 수 없고, 사진이나 기구로 측정할 수 없는 것이다."

Q 어떻게 뭘 쏘아서 중력 속에 있는 비밀을 밝힌다고 하던가요?

승: 어떤 물체를 쏘아서 그 물체의 속도와 압력을 조사한다는데, 그런 방식으로 중력을 시험할 수 없다. 나는 이번 여행에서 가르친 것보단 배운 게 더 많다.

Q 그들의 논리 때문에 여래님의 말씀을 못 알아듣는 것이 아닐까요?

승: 학자들이 쓴 논문을 보면 알맹이는 일부분이고 나머지 분량

은 전부 설명이다. 대학에서는 말을 만드는 것을 가르치는데 진실이 규명되지 않는 논리는 진리가 아니다. 진실의 규명은 거짓에 대한 종말을 말하고 있으며, 거짓에 대한 종말은 인간 세계에 가장 큰 구원의 길이다. 논리라는 것은 어떤 일을 알지 못한 채 아는 것처럼 설명한다. 논리라는 것을 보면 알맹이가 없다. 진정한 농사꾼은 농사일을 가르칠 때 언제 어느 때 파종하고 그 작물은 어떠한 방법으로 키우며 그것을 키우는 과정에는 어떠어떠한 일이 필요하다고 가르친다. 있는 일을 모르는 사람은 일해야 한다. 그것이 우리가 사는 길이다. 그런데 말만 만들어가고 있고, 문제 제시는 있는데 문제 해결에 필요한 일은 설명하지 않는다. 만들어진 말을 논리라고 말하고, 있는 일을 정확하게 설명하는 것은 진실이다. 진실이 없는 말을 만들어서 진리를 설명할 수 없다.

Q 세계 최고의 대학교수들도 사실을 보는 시각은 일반인들과 다르지 않은가 봅니다.

승: 참다운 교육은 존재하는 문제를 보게 하고 이해할 수 있는 깨우침을 주는 것이다. 교육은 있는 일을 가르치는 것이다. 있는 일을 앎으로서 자신을 이길 수 있다. 공부하는 것은 인간이 되기 위해서이다. 다른 사람에게 도움이 되기 위해서인데, 이 시대의 교육은 지식을 암기하도록 함으로서 인간을 앵무새처럼 만들고 있다.

14 — 기후 변화

사람이 살아가면서 가장 중요하게 생각해야 할 일은 '있는 일을 제대로 아는 것'이다. 있는 일을 잘못 알면 스스로 하는 일이 자기에게 재앙이나 부담이나 손실을 준다. 세상은 하나의 공식 속에서 존재하고, 이러한 공식 속에 있는 일을 모르면 자기가 하는 일이 항상 그 결과를 잘못되게 할 수 있다. 실을 타래에 감을 때 제대로 못 감으면 오히려 엉켜서 감지 않느니만 못하게 될 때가 있다. 오늘 아침 TV 뉴스 소식, 엘니뇨 현상이 과거에는 2~5년에 한 번 정도 지구에서 나타났는데 지금은 지속해서 나타나고 있다고 한다. 그런데 그 원인을 아무도 알지 못한다고 했다. 내가 관찰해서 본 이러한 현상은 기체의 대이동에 의해서 일어난다. 기체가 이동할 때 그 옆에 있는 구름을 끌어간다. 그 힘이 허공에 있는 증기를 빨아들여 버리니까 그 기운이 이동하는 방향에서는 끝없는 홍수가 오고, 그 기운이 빨려가 버린 자리에서는 가뭄이 지는 것이다. 이 현상은 우리가 사는 지구에 엄청난 재앙을 가져올 것이다. 이런 현상은 중력의 이동을 계속해서 일어나게 하므로 언젠가는 중력대에 구멍이 뚫린다. 여기 간단히 이해하고 나서 있는 일을 다

170

시 살펴보도록 하겠다. 지구를 감싸고 있는 것은 공간이고 공간에 중력이 꽉 차 있다고 가정한다면, 중력이 계속해서 기체의 이동을 일으키고 중력이 한 쪽에서 다른 쪽으로 이동했다면, 한 쪽은 가뭄 현상이 온다. 이 지대에는 중력이 약하다. 중력의 약화 현상을 가져온다는 의미이다. 이런 것이 계속 반복해서 엘니뇨 현상이 커지면 어떤 시점에선 중력에 구멍을 낸다. 중력에 구멍이 생기면 화산 활동이나 또 지진 현상 나아가 지각 변동이 일어난다. 이것은 인류의 문명에 시간이 얼마 남지 않았음을 의미한다. 이 지구에 변화기가 임박했다는 조짐을 나타내는 증상이라고 볼 수가 있겠다.

Q 변화기가 언제쯤 오는지 계산해서 말씀하신 겁니까?

승: 사실 나도 이 대답을 하기가 어렵다. 이 지구에 인류가 조성된 게 처음이 아니라 이미 과거의 세계에 많은 인류가 있었다. 한 변화기에 존재하는 것을 하나의 인류라고 말하고, 수십 번의 인류가 변화기를 통해서 사라지고 다시 태어났다. 농사를 지어본 경험이 있는 사람은 보리밭의 보리가 익어 수확하면 몸통은 사라지더라도 언젠가 다시 싹을 틔운다는 걸 안다. 세상은 이러한 윤회와 법으로 인하여 반복하고 있다. 법이라는 것은, 환경과 주변에 존재하는 인연에 의하여 일어나게 되는 뜻을 말하는 것이다. 그 뜻으로 인하여 생기게 되는 일들을 진리라고 말하며, 이러한 일의 존재를 법이라고 한다.

Q 세상은 법과 윤회로 인하여 끝없는 존재가 가능하게 만들어져 있는 것입니까?

僧: 그렇지 않다면 오늘의 인류에 너희는 존재할 수는 없을 것이다. 싹이 성장하면 꽃이 피고 알곡이 열리고, 이 알곡은 익으면 자신의 몸체는 사라지지만 다시 싹을 틔우고, 그 새로운 싹은 같은 일을 반복하게 된다.

Q 이러한 윤회를 통해서 반복되고, 일어나는 현상을 알면 과거를 볼 수 있습니까?

僧: 6천 년 전 지구에는 오늘날보다 더 앞선 문명이 존재했다. 로켓이 우주로 날아가고, 인공위성은 계속 궤도를 따라 도는 기술은 흔했다. 그때도 지금과 같이 문명이 일어나고, 그 문명의 혜택을 받은 사람들이 의식이 망하고 인성이 망함으로서 자연계의 파손을 가져오자 거기에서 큰 변화가 일어났다.

Q 이러한 일이 과거로 거슬러 올라가면 같은 현상이 나타난다는 것입니까?

僧: 식물에서 일어나는 일이나 사람에게서 일어나는 일이 이치로 계산하면 똑같다. 건강한 상태라고 가정했을 때 인간의 수명은 정해져 있다. 보통 수명을 칠십이라 봤을 때 옛날에는 칠십이면 고려장을 했다. 그래서 예부터 칠십은 인간의 정상적 수명이었다. 지구상에 존재하는 한 인류의 나이를 5천 년에서 7천 년까지 정상이라 계산하는데, 급격히 문명이 일어나기 시작할 때 백 년을 지속한 적 없이 변화기가 있었다. 문명이 급격히 일어난다는 것은 보리꽃이 피고 열매가 나는 것과 같은 결과다. 인간 최고의 두뇌가 거기에 열리기 시작하고 그러한 시대가 백 년 정도 계속되면, 대부분 그 인류에는 변화가 왔다.

Q 선생님의 영적 나이는 1만 살도 넘는다고 하셨는데, 계산하는 방법이 있습니까?

승: 모든 반복 현상의 원리를 계산한 것이다. 문명의 척도를 가지고 이러한 일이 있을 것이라고 말하는 것이다. 이미 이러한 예언은 2천 년 전에도 5천 년 전에도 있었으며, 반복 현상이 존재한다는 것은 나만 아는 게 아니다. 그 시대에 뛰어난 예언자나 진실한 자들도 알고 있었다. 그들도 과거 변화기 전의 세계에 살면서 내가 하는 것처럼 항상 사람들 앞에 서서 사람들의 의식을 일깨우고 사실을 알고 확인하도록 노력했다. 그 시대를 거쳐서 살았던 의식체들은 다시 태어나도 자기의 의식 속에 그러한 사실이 잠재했기 때문에, 그것을 다른 사람에게 말할 수가 있다. 그것이 예언될 수 있고, 그러한 그 예언은 틀리지 않고 일어나게 되며, 물론 정확한 연대에는 차이가 있다.

Q 예언은 추측이 아닙니까?

승: 아무리 눈이 좋은 사람도 수백 미터 거리에 있는 걸 다 볼 순 없다. 대략 얼마 되겠다는 추측으로 말하는 것이다. 그 추측은, 추측일지언정 눈이 좋고 경험을 가진 사람은 틀리지 않고 오차도 크지 않다. 그래서 이러한 일들은 나의 의식 속에 이미 잠재해 있고, 이런 일은 오늘 처음으로 일어나는 일이 아니라 이 지구상에서 수없이 계속된 일이었다. 더 상세하게 알고자 한다면 너희도 같이 노력해 줘야 한다. 어떤 근거를 가져와 제시하면서 당신의 말이 틀렸다고 하면, 내 말이 틀렸는지 안 틀렸는지 그 근거를 보고 가져온 자료가 틀렸는지 맞는지 다시 대답할 것이다.

Q 중력의 약화로 인하여 지층의 지열이 올라간다고 하셨는데, 과학자들이 가진 신빙성 있는 자료들이 믿을 수 없다는 거죠?

승: 미국에서 나사에 있는 과학자들을 만나서 나는 "지구온난화 현상은 정해져 있는 순서를 밟고 있을 뿐"이라고 했다. 이미 그렇게 되리라는 걸 우리는 그저 지켜볼 뿐이다. 지열이 올라오고 빙하가 녹고, 이런 건 다 정해져 있던 일이다. 빙하가 녹는 것은 아주 중요한 비밀이지만 간단하게 조사해 보면 된다. 빙하가 위에서 녹는다는 건, 대기의 열에 의해서 녹는 것이고, 밑에서 녹으면 지열에 의해서 녹는 것이다. 얼음이 아무리 여물었다 해도, 요새는 드릴 같은 게 잘 개발돼 있으니, 그것으로 깨고 수백 미터, 수천 미터

174

밑에까지 들어갈 수가 있다. 그것이 밑에서 녹는지 위에서 녹는지는 온도계로 조금만 체크를 하면 알 수 있는 일이다. 내가 그들과 대화 과정에 있었던 일을 지금 확인한 것뿐이다. 주기적으로 한 세상이 종말을 맞이할 때마다 지열이 높아졌고 지열의 상승은 중력대에 영향을 줬다.

Q 중력이란 말을 하면, 학교에서 많이 들었던 것 같은데, 실제로 이 중력이라는 것을 말하라고 하면 잘못 알고 있는 것 같고, 말하기가 힘듭니다.

승: 인간을 포함한 모든 생명체는 자기 체내에 자기를 보호하는 힘을 가지고 있다. 이것을 면역기능이라고 말한다. 세상에도 이런 기능이 존재한다. 이 기능의 중심에는 중력이 있다. 그것을 해부하고 추적하면 중력의 세계에는 아무것도 없었다. 그러면 중력대에 어떤 영향이 일어날 때, 그 표면에서도 어떤 영향이 일어날 수 있다는 이 사실을 과학자들에게 알리고자 했지만, 내가 이해할 수 없는 것은, 과학자라는 사람들이나 먹물이나 좀 먹었다는 사람들은 이상한 쪽으로 머리가 돌아가고 있다는 것이다. 확인도 하지 않는 일이나 확인도 안 된 일을 추상적인 입장에서 문제를 만들어 놓고, 거기에 끼어 만들기식으로 답을 찾고 있다는 사실이다. 그래서 그것이 맞을 확률보다 그들의 연구 결과에 오류가 발생할 가능성이 90%라면, 그 가능성이 있을 확률은 2% 정도밖에 되지 않고 불가능한 일이 거기서 8% 정도로 나온다.

Q 종말을 어떻게 대비해야 하겠습니까?

승: 종말은 한 세상을 마감하는 것이 아니라 새로운 세상을 맞이하는 것이다. 새로운 세상, 다가올 세상 자체가 이미 정해져 있는 일이다. 이것을 알기 위해서는 여러 가지의 자료가 있어야 하는데, 백 년 후에 세상에서 어떤 일이 일어날 것이라는 말까지는 할 필요가 없다. 자료가 충분히 있다면 수학처럼 몇 단위에서는 어떤 답을 가지고 있다고도 말할 수 있을 것이다. 문제에서 벗어나기 위해서 나는 이십 년 전부터 시골로 이주할 것을 너희에게 권했다. 시골에서 살아본 사람들은 잘 알겠지만, 농사일이 힘들어도 마음이 편하다.

Q 시골에서 살아보니 일하고 나면 그냥 잠도 잘 오고 몸이 고단해도 뒷날 일어나면 또 일이 밀려 있으니까 일해야 하고 그러다 보니 걱정이 없고 시간이 빨리 지나갑니다.

승: 삶은 자기 역할을 통해서 행복과 불행을 결정하는 것이다. 재난이 일어나면 세상에서 가장 큰 문제는 연료가 아니고 식량이다. 연료가 없으면 생쌀을 불려서 물에 타서 갈아 먹을지언정 생명은 유지할 수 있다. 그래서 이 시대는 정신을 똑바로 차리고 현실에서 일어나는 일을 주시해야 자기를 위험에서 구할 수가 있다. 너희는 종말에 대해서는 어느 정도 이해했을 것이다. 모든 것이 사라져야 새로운 것이 일어난다. 이 시대에 한 세상의 종말을 맞이

176

해야 하는 것은 나의 예언이 아니다. 이 시대가 중력대에 파장이 올 수 있는 원인 물질을 배설하고, 원인을 계속 제공하고 있기에 일어나는 현상이다.

Q 환경운동이 세계적 이슈입니다. TV나 신문을 통해서 본 내용 중 지구온난화 현상이라는 것들이 많은데, 그런 이야기를 듣다가 보면 무엇이 진실인지 모르겠습니다.

僧: 내가 학자들에게 그냥 가서 깨달았다고 하면 만나주질 않고 내가 이 분야의 최고 권위자인데 너희가 필요한 정보를 가지고 있다고 해야 만날 수 있다. 그래서 나는 철학, 물리학, 지구과학, 생명과학, 모든 전문지식을 가진 사람들과 만났을 때 그 분야의 최고 전문가라고 소개한다. 전문지식을 가진 사람들하고 만났는데, 그들한테 들은 말을 가지고 세상을 보니 이해되는 것이 많았다. 나는 단 30분 만에 그들이 수천 년간 풀 수 없었던 수수께끼를 전부 풀었는데, 그들은 아직도 수천 년 동안 아무것도 풀지 못한 그 상태에 머물러 있다. 우리는 녹음을 했지만, 그들은 녹음이 안 된 상태였다. MIT 공대 교수와 대화했을 때도 녹음기가 있었다. 한 시간가량 이야기 나눴는데 그가 흥미를 보였다. 하지만 너무 짧게 이야기하다 보니 사람들을 일깨우기에는 실패했다. 그러나 여기에 기록한 내용은 사회를 이해하는 데 매우 큰 도움이 됐다. 그런데 그 교수는 지구온난화 현상에 의해서 지표면이 더워진다고 했는데 미국은 이를 이미 심각한 사회 문제로 받아들이고 있었다.

그들은 지표면이 더워지고 온도가 올라간다는 것을 아무렇지 않게 생각하는데, 나는 이 순간 과연 나의 예상이 절대적으로 틀리지 않았다는 것을 확신할 수가 있었다.

Q 녹음 내용이 나오기 전에 강의 내용을 잠깐 설명해 주시죠.

슬: 그러면 이제부터 너희에게 지금까지 어떤 대학에서도 강의한 적이 없었던 세상의 일을 설명하겠다! 결정적인 온난화 현상의 주범을 잡기 위해서는 원인 규명이 먼저 있어야 한다. 이 원인은 여러 측면에서 발생하고 있지만, 온난화 현상에 결정적인 영향을 주게 되는 원인은 중력 층의 변화에 있다. 지구 온도가 1도 올랐다면 중력 층의 중력에너지에 엄청난 손실이 왔다는 거다. 나사나 유력 대학의 과학자들이 설명하는 것에 의하면, 이 온난화 현상은 탄산가스를 주요 원인으로 자외선을 차단하고, 그래서 이런 일이 일어났다고 하는데, 잘못 아는 것이다. 우리가 어떤 음식물을 잘못 먹었을 때, 면역체계가 튼튼한 몸에서는 큰 이상이 일어나지 만, 약한 사람에게서는 문제의 질병이 발생한다. 우리 몸에 있는 이 기운은 음식을 먹었을 때 발생하는 독성을 중화시켜서 자기가 필요한 에너지로 바꾸는 역할을 한다. 이 중력도 탄산가스가 발생했을 때, 이 중력 층에 있던 에너지가 탄산가스를 다시 바꾸는 역할을 한다. 생태계는 사람이 숨을 쉬면 탄산가스를 배출하고 그 탄산가스를 식물이 마시고 산소를 만들어낸다. 중력 층에는 여러 가지의 기능이 있는 생태계가 있다. 중력 속에도 보이지 않는 이

178

런 기관들이 많다. 탄산가스를 내놓으면 계속 쌓여서 자기 세력을 확보하려 할 거고, 중력이 그것을 억누르려고 하는 싸움이 계속되면, 탄산가스가 결국 중력에 의해서 중화되고 자연 순화가 되어서, 사실 탄산가스의 온실화에 의해서 지표면 온도가 올라가는 일은 없다.

Q 우리 몸에 있는 기운을 중력과 같다고 보는 것입니까?

승: 모든 것이 중요한 역할을 하지만 지상에서 생태계를 존재하게 하는 것 중에서 가장 중요한 역할을 하는 것은 중력이다. 우리 몸에도 중력이 있는데, 몸의 중력은 기라고 하고, 육안으로 측정할 수 없고 어떤 장비로도 안 된다. 이 기의 에너지가 몸의 면역체계를 만들어서 질병을 퇴치하고 외부로부터 들어오는 나쁜 불순물을 걸러 주고 몸이 필요한 활동 에너지를 바꾼다. 이 몸의 기를 통해서 일어나고 있고 기운이 왕성한 사람은 면역체계가 아주 튼튼하다. 기운이 비실비실하면 면역도 약하고 기운이 통하지 않으면 몸 부위가 쉽게 썩든가 헐게 된다. 이런 역할을 하는 기능을 지구에서는 중력이라고 보면 된다. 중력 층에서 원인 규명을 해야 한다. 그런데 과학자들은 엉뚱한 곳에서 원인을 찾고 있다.

Q 그들이 원인을 모른다는 것입니까?

승: 이게 중요한 문제여서 그들에게 말했다.

"내가 물어보겠는데, 미국이나 세계 과학자들이 발표한 논문 중에서 중력이 어떻게 생성이 되는지, 중력에 대한 충분한 설명이 이루어진 논문이 있나?" 했더니 그것은 없다고 했다.

"생성된 중력이 어떤 과정을 통해서 같은 수치를 지상에서 유지해오고 있는가?" 그것도 모른다고 해서 세 번째 질문했다.

"이 중력이 어떤 상황에서 균열을 일으키게 되는지 아는가? 어떤 상황에 이르게 되면 이 중력 층에 균열이 생길 수 있는가?"라고 물었더니 그것도 모른다고 했다.

"그렇다면 이제 더 쉬운 질문을 하겠다. 중력이 생태계에서 어떤 역할을 하는지 아는가?" 그런 것도 모르겠다고 했다. 그러면 실체에 대해서는 아무도 모르는 것이다. 내가 질문한 내용은 책에 없는 것이기 때문이다.

Q 우리 몸의 신체 구조와 지구의 구조가 같다고 하니 매우 흥미로운데, 신체의 면역체계를 다시 한 번 설명해 주세요.

승: 그들이 하는 일은 이럴 것이라고 하는 추측만 하는 것인데, 다만 공기 중의 기압의 연구나 이런 데 대해서는 상당한 진전을 한 것은 사실이다. 내가 스탠포드 대학 환경문제연구소에서 어렴풋이 비치다가 다른 문제를 말하기에 그만두었다. 이 지구의 구조는 너무나 완벽한 과학으로 운영이 되고 있고 이 세상의 기氣는 조금만 반응이 가면 작동하게 되어 있다. 그래서 우리 몸에서 기운이 쇠약해지면 질병에 걸리는 확률이 크고, 질병에 걸렸을 때 몸

에서 고열이 발생할 수 있다. 질병에 안 걸리는 사람들은 체온계 갖고 재면 35도, 36도밖에 되지 않지만, 질병의 기운에 심하게 시달리는 사람일수록 체온이 높다.

Q 우리 몸을 통해서 중력이 어떤 역할을 하고 있습니까?

승: 중력대에 있는 모든 비밀을 우리의 생체生體를 통해서도 알아볼 수가 있다. 지표면에도 기운이 있는데 그 기운은 중력에 의해서 억눌려 있고 쌓여 있고 갇혀 있다. 중력에 균열이 생기면 핵은 원자폭탄의 원자하고 똑같다. 핵이란 것은 문제를 하나 건드리면 생성되고 증식은 시간문제다. 여기에 강한 압력이 가해지면 압력을 견디지 못해서 폭발하는데, 화산 활동을 통해서 지상으로 분출하는 수도 있고 지진 현상을 일어나게 하기도 한다. 즉 땅을 갈라지게 하는 현상이다. 이 폭발이 심하면 지각 변동이 일어난다. 그래서 내가 너희에게 '현재의 인류에겐 수십 년 정도의 시간이 남았다' 이렇게 피상적으로 말했는데, 이미 핵 활동이 지하 표면에서 계속되고 있다.

Q 그러면 과학자들이 알아낸 것은 무엇입니까?

승: 어떤 원칙으로 이런 걸 알아보는지 물어보니까, 예일 대학에 재직 중인 어떤 일본 교수의 말에 의하면, 기구를 이용해서 11km까지는 땅을 파서 거기서 나오는 물질을 조사하고, 220km는 화

산 폭발로 인해서 나오는 분출물을 가지고 측정하고, 지구의 이쪽에서 저쪽까지 지름으로 꼽아서 재면 6천몇백 km가 된다고 했다. 지구가 둥근데 이쪽에서 중심으로 6천몇백 km라고 했다. 그래서 몇 km 가면 쇳물이 있다는데, 여기에서 핵이 만들어진다고 했다. 미래에 현재의 인류가 어떻게 해서 한 시대의 종말을 맞게 되는지 수수께끼를 푸는 데 큰 도움이 되었다. 중력의 모든 것은 계속 반복된 활동을 통해서 자체를 그대로 유지하는데, 순환이 안 되면 그때부터 힘의 상실을 가져온다.

Q 고양이가 쥐를 잡아먹을 때도 힘을 써야 하는데 엄청난 에너지가 필요하겠습니다.

승: 그렇게 소모하는 에너지는 별로 안 된다. 이 문명이 자연계의 파손으로 인해서, 중력 층의 순환을 막았다는 건 사실이다. 이 순환이 막힘으로써 중력대가 힘의 균형을 상실하게 되어서 중력 층의 균열이 생기는 것이다. 지구의 온도가 앞으로 2도가 더 올라가면 폭발이 시작될 것이고, 지금은 1도 올라갔다. 이제 3, 4년 되면 조금 심해지고, 그다음에 10년이 되면 더 심해지고 나중에 더 큰 문제가 발생할 수 있다는 것을 너희는 알아야 한다.

Q 그러면 저희는 어떻게 환경문제에 대처해야 합니까?

승: 나는 미국에서 환경문제 전문가들을 많이 만났다. 그런데 이

1부 변화기

환경문제 전문가들은 한나같이 오늘날 지구온난화 문제에 대해서 걱정하고 있었다. 그래서 나는 '지구온난화 문제의 원인이 무엇인가?' 했더니 탄산가스의 배출이라고 말했다. 그래서 나는 '당신들의 이론에 대해서 나는 몇 가지 확인할 사항이 있다. 이 부분을 확인하지 못했기 때문에 정확하게 말은 할 수 없다. 지구온난화 현상의 문제가 어떻게 해서 이루어지고 있으며, 앞으로 그 결과가 어떤 상태로 나타나게 될 것인지에 대해서는 대답할 수 있다'고 했더니 나보고 말을 해보라고 해서 나는 이렇게 말했다.

"지금 과학자들의 세계에서는 중력을 놓고 많은 연구를 하는 줄 알고 있는데, 이 중력의 층을 놓고 많은 것을 연구해야 할 것이다. 나는 지구온난화 현상의 가장 큰 원인이 중력대의 영향 때문이다 라고 주장한다."

내가 한 말이 맞는지 미국의 과학자들이 맞는지는 너희가 객관적으로 판단해 주기 바란다. 우리의 몸에는 면역기능이 있다고 말하는데 면역기능을 눈으로 조사할 수가 없다. 에너지로 되어 있기에 촬영도 불가능하고, 그 기운의 상태를 확인할 수 있는 기구도 만들어져 있지 않은 상태이다.

Q 그러면 이론상으로만 그것을 말하고 있을 뿐입니까?

승: 그런데 실제 이런 것이 우리 몸속에 존재하는데, 이것을 기운이라고 말한다. 일반 사람들도 기가 몸에 있는데, 기가 끊어지면 죽고 기가 흐르지 않으면 성장이 안 된다. 이런 정도는 이론상

으로도 한의사들이 말하고 있다. 이 몸에서 기의 역할처럼, 생명체
도 세상에 의해서 창조된 것이다. 그렇다면 생명체의 모태는 세상
이고 세상에는 생명체 속에 이런 원칙이 그대로 존재하는데, 내가
이 부분을 설명했다.

Q 탄산가스가 배출되어서 지구 표면의 온도가 1도 정도 상승이 되
　었다면 이미 수많은 동식물이 그로 인해서 피해 보았다는 사례를
　기사로 발표해야 하는데, 세계 어느 신문에서도 이런 기사를 접한
　적이 없습니다.

승: 어디 화학 공장 하나 폭발해도 거기 인근에 있는 몇백 명이
질병이나 고통으로 죽었다는 기사들이 나온다. 그런데 이렇게 중
요한 것을 아직 과학의 세계에서는 풀지 못하고 있었다. 그래서
나는 과학 대상을 받은 사람에게 중력이 어떻게 해서 생성되는지
물었지만, 그 많은 학문 중에 중력 분야를 연구하는 사람들도 거
기에 대해서 아무도 대답한 자가 없었다. 중력에 대해서는 말만
무성할 뿐이지, 실제 중력의 역할이나 생성이나 중력의 변화가 어
떻게 이루어지는지 이런 데 대해서 아무도 알고 있지 않았다.

Q 그렇다면 이번 여행에서 얻은 것이 없습니까?

승: 나는 이런 일을 목격하고 나서 내가 할 일이 너무나 많으니
세상에 도움이 되어야겠다는 걸 크게 깨닫고 귀국했다. 내가 중력

학자들만 만난 게 아니고 생체학자도 많이 만났다. 두뇌를 연구하는 사람, 생체의 어떤 에너지를 연구하는 사람 등 많은 사람이 있었지만, 이분들 역시 기초지식을 갖고 있지 않았다.

Q 기초지식이라는 것이 기운입니까?

승: 이 세상에 현상이 존재하는 것은 기운이 조화를 이뤄서다. 기운이 망하면 중력대에 변화가 일어나고 지진, 지각 변동, 해일이 발생한다. 해일이 생기면 바닷물이 뒤집히고 엄청난 양의 물이 몇천 미터 파고로 솟아올라 삽시간에 도시를 흔적도 없이 쓸어간다. 거기에 흙이 덮이면 결국 태초처럼 변하는 것이다.

Q 소용돌이 속에서 새로운 기운이 생성하는 것입니까?

승: 천지가 창조될 때 우주가 깨어지면서 거기에서 하나의 기운이 나와서 소용돌이가 생기고 조물주가 나고 새로운 세상이 난다. 이런 반복 현상이 특정 주기를 기점으로 일어나는 것이다. 그러니 지구의 반복은 천지가 갈라졌을 때의 현상과 똑같다. 너희가 질문할 때 좀 더 정확성을 갖추어서 묻고, 질문이 너무 광범위하여 내 대답이 미흡할 때는 정확하게 지적해 달라!

Q 그러한 큰 변화가 있었을 때, 현재까지 살고 있었던 인류가 없어지는 겁니까?

승: 인류의 모든 문명은 삽시간에 사라지고 거기에 있던 인간의 몸속에는 의식이라는 기운이 존재하고 있는데, 이 의식이 살아날 자는 살아나고 죽을 자는 죽는다. 변화기 속에서 의식은 대부분 사라지고 삶을 통해서 의식을 생산한다. 그 만들어진 의식은, 또 하나의 과정을 통해서 다시 몸을 가진 현상세계로 온다. 그것이 윤회설의 내용이다. 너희가 여기에 오는 것은 매우 사소한 것 같지만, 자신을 영원하게 존재하게 하는 생명을 얻는 길이다. 그러한 운명의 근원을 얻기 위해서 여기 오는 것이고, 근원을 얻는 것은 신이 도와주는 것이 아니라 이러한 법 속에 있다.

Q 저희가 이러한 방법으로 모든 걸 얻을 수 있습니까?

승: 너희는 이러한 변화기가 올 때, 자기가 혼자서 살아남을 것이라고 상상하지 말라! 살아남을 수도 있고 죽을 수도 있다. 그 재해 속에 들면 생명은 끝나고 생명 속에는 항상 자신이 만든 의식이라는 기운이 있으니 이것은 새 생명의 씨앗이 된다. 자신이 만든 의식을 영혼이라 하는데, 나무의 열매와 같은 것이다. 그 씨앗 속에서는 새 생명이 존재하고 있다. 그 씨앗이 다시 새 생명으로 나타나게 된다. 그 기운은 진화되면서 자신이 태어날 곳을 찾아가게 되고, 환경 속에서 스스로 생명의 창조로 들어가게 된다. 내가 설명하는 것은 한 번도 세상에서 발표된 적이 없으니, 너희가 알고자 할 때는 집중적으로 나의 말을 근거로 해서 탐구해야 하고, 나의 말과 알아낸 결과가 일치하면 나도 인정할 수 있다.

Q 저희가 배운 지식으로는 과학자들이 지구의 나이를 45억 년 정도 이렇게 판단하고 있는데, 역사시대의 이전, 그 이전에도 그러한 큰 변화가 계속 있었습니까?

승: 5천~6천 년 전에 있었고, 지금으로부터 앞으로 한 8천 년 후에 이런 변화가 또 오는데, 변화는 주기적이다. 보리밭의 보리를 보라. 보리에 새 생명이 피어날 땐 영원한 것처럼 보이지만 열매를 맺고는 몸통은 죽었다. 그러나 죽은 것이 아니라 결과 속에 자기를 만들고 생을 마친 것이니 그 결과 속에서 자신이 다시 태어나고 또 존재하는 것이다. 그건 반복의 원리에 따른 것이다.

Q 반복의 원리로 존재하는 것이 변화기라는 것입니까?

승: 이 지상에는 끝없는 세상이 존재했다. 우리가 사는 현재의 세상 이전에도, 이런 세상이 지상에서는 육천 년, 만 년 전에도 존재했다. 문명이 발달하고 로켓이 하늘로 올라가고 인공위성이 날고 이런 시대가 존재했는데 말세가 되니 모두 사라졌다가 또 일어나는 것이다. 로켓을 만들고, 우주왕복선이 만들어지고 별 희한한 것들이 만들어진다. 지난번 여행을 통해서 얻은 자료에 따르면, 지구의 속에는 엄청난 열을 발생하는 쇳물이 끓고 있는데, 학술적 용어로는 맨틀이라 한다. 과학자들이 연구하고는 있지만, 알아보지를 못하고 있다. 어떻게 이런 데 대해서 조사하는지 보니 몇 미터까지 들어갈 수 있는 무엇을 쏘고 거기에서 반응을 보고 추측한다

는 것이다. 아직 과학자들은 지구의 움직임이나 지상에서 일어나고 있는 일을 잘 모른다. 지금 지상의 온도가 올라가는 것보다 지구 표면의 온도가 올라가면 열대 현상이 많이 나타나는데, 환경론자들은 오존층의 파괴로 지구 표면의 온도가 올라간다고 하는데, 그 사람들이 관찰을 제대로 안 한 것이다.

Q 지구 표면 온도가 올라가는 원인은 무엇입니까?

승: 남극의 얼음이 녹는다고 하면, 밑에서 녹는지 위에서 녹는지 그걸 조사해야 하는데, 위에서 녹으면 당장 표가 난다. 얼음이 녹으니까 물기가 질척할 것이다. 어디서도 대기의 기운에 의해서 얼음이 녹는다는 발표는 아직 나오지 않고 있다. 그렇다면 이 온도의 상승은 어디에서 오는가 하면, 내가 의식의 눈으로 보니 지구 표면의 온도가 올라가기 때문에 그런 것이다. 남극의 얼음이 바다 밑에서 녹고 있다면, 그것은 분명히 지구 표면의 온도에 의해서 녹는 것이지, 대기의 온도가 바닷물을 통과해서 그 밑에까지 뿌리부터 녹게 하는 그런 일은 절대 일어나지 않는 것은 상식이다. 그래서 이런 일이 어떻게 해서 일어나는지를 나는 환경학자들에게 설명했다. 지금 맨틀 활동은 활발하게 일어나고 있다. 이것은 핵의 분열과 같아서, 어떤 표면에 이상이 생기면 그게 올라오려는 힘을 발휘하게 되는데 그것을 증폭 활동이라고 말한다. 어떤 폭발력을 가진 기체가 하나가 둘이 되고 둘이 세 개가 된다. 네 개가 여덟 개가 되고 여덟 개가 열여섯 개가 되고, 이렇게 증폭하면 엄청난 힘

을 갖게 된다.

Q 이 힘으로 세상에 온갖 재앙이 발생하게 된다면, 발생의 시기는
얼마 정도 가면 일어납니까?

승: 지금부터 약 10년을 주기로 해서 그 압박이 온다. 그러니까
10년 동안에는 큰 문제 없으리라고 보지만 갈수록 작은 지진 같은
것은 점점 세계 각국에서 많이 나고, 기상이변 같은 현상도 많이
일어날 것이다. 지진은 맨틀의 활동으로 일어나는 것이다. 그 쇳물
의 힘이 밖으로 분출하고자 하는 성질에 의해서 일어나며, 그 힘
이 강할수록 크게 작용하게 된다.

Q 이 기상이변은 중력대 영향으로 일어나는 겁니까?

승: 중력은 생명 활동에 필요한 모든 조건을 제공했다. 그런데 인
간의 세계는 중력의 생산원인 생명체의 활동에 막대한 지장을 주
고 있다. 자연환경도 중력을 보존하는 데 중요한 역할을 한다. 그
런데 사람들이 환경을 파괴하고 자꾸 독을 만드니까, 특히 현대
문명이 오존층을 파괴하는 독성의 물질을 자꾸 생성해서 공중으
로 보내니까 중력이 정화를 시켜야 하는데 그 양이 정화가 안 되
고 중력 자체가 약해진다. 생성이 안 되는 상태에서 자꾸 중력을
필요하게 하는 문제들이 많이 생기니 중력은 점점 힘을 잃어 간
다. 중력이 힘을 잃는 것만큼, 맨틀 활동은 더 활발해지게 된다. 대

기권에 중력이 꽉 차 있을 때는 그 중력이 지표면을 누르고 있으므로 그 지표면의 힘이 밑으로 쏠리는 것이다. 위에서 누르는 힘으로 밑으로 쏠리니까 맨틀의 활동을 억제했는데, 중력이 약화되면서 누르는 힘이 약해지면 폭발하고자 하는 힘의 열기가 강해지고, 거기에서 원자가 자꾸 증폭 활동한다.

Q 핵이 폭발하는 것과 같은 것입니까?

승: 하나가 둘로 만들고 새끼를 치고, 새끼가 또 둘이 네 개가 되고 그래서 이런 일이 생기는 것이다. 정확한 숫자를 알려면, 언제 몇 시에 지각 변동이 일어나서, 어디에 어떤 해일이 생긴다는 이것을 계산해내려면 지역은 모르지만, 수치를 계산해야 한다. 나는 있는 것을 보는 자이기 때문에, 있는 일을 그대로 말하고, 그 수치에 대해서는 잘 모르지만, 이것이 폭발하면 지각 변동을 일으킨다. 세상의 문명이 사라지는 것은 지각 변동이 있어서 일어나는 해일 현상이다. 파도가 천 미터, 수천 미터까지 바닷물이 뒤집히게 되면 뉴욕 같은 도시는 삽시간에 사라지고, 그때 많은 생명체의 희생이 따르고 인간의 대부분이 세상에서 영원히 사라지게 되는 것이다.

2부 창조

이 현상세계에는 만물이 존재한다. 어떤 환경 속에서는 식물을 통해서 동물의 형체를 갖춘 물질이 나타나는 것을 볼 수 있다. 이를테면 쌀을 찧어서 쌀통 안에 넣어 놓았더니 무더운 때 쌀의 기운이 약해지면서 쌀벌레가 날아다니는 현상을 볼 수 있다. 벌레가 나온 쌀로 밥을 하면 밥에 기운이 없다. 어떤 존재든 자기를 지키지 못할 때 변화하고, 그 변화 속에서는 다른 현상이 나타나게 되는데, 이 현상을 관찰해보라! 고체가 기운으로 변하고 기운이 다른 형상으로 창조되는 현상을 볼 것이다.

1 — 창조와 진화

인류는 지금까지 이 세상이 진화한 것인지 아니면 창조된 것인지를 놓고 논쟁을 꾸준히 이어왔다. 어쩔 수 없이 나도 이 문제에 대해 관심을 가졌고, 해답을 알게 되었다. 내가 삼매에 들어 관조觀照하건대, 창조가 먼저인지 진화가 먼저인지 결론부터 말하면 이것은 동시에 존재하고 있었다. 인간이 가진 시각이 너무나 좁으므로 이런 것을 알지 못하지만, 간단한 어떤 실험을 통해서 확인할 수 있다. 창조되지 않는 곳에서는 진화가 없고 진화가 없는 곳에서는 창조도 없다. 과학적인 분석으로 볼 것 같으면 어려울 게 없고, 결국 종교에서 말하는 것처럼 어떤 신에 의해서 세상은 창조된 것이 아니라 세상 자체에 존재하는 법칙으로 모든 현상이 나타나고 사라지고 변화하고 있었다. 그렇지 않았다면, 이 세상은 생명체가 살수 없는 세상으로 이미 변화하고 말았을 것이다. 옥스퍼드 대학에는 4년마다 세계의 지식인들이 만나서 자신들이 풀 수 없었던 문제를 놓고 의견을 나눈다고 한다. 그 장소에는 영국의 많은 지식인과 지도층 인사와 옥스퍼드 대학의 교수가 다수 참여한다고 들었다. 그때마다 항상 가장 중심되는 논쟁거리가 '창조가 먼저냐?

진화가 먼저냐?'라고 한다. 옥스퍼드 대학이 생기고 난 후 8백 년 가까이 논쟁이 이어져 왔음에도 결론을 내리지 못하고 있다는 이 야기이다. 나는 너희에게 그 일을 스스로 알기 쉽게 창조는 언제 이루어졌는지 진화는 언제부터인지 의견을 듣고 나서 내가 대답할 것이다. 너희가 알지 못하면 속게 되니, 아는 것은 바로 자신을 속지 않게 하는 길이다. 의견이니 아무라도 제시해 보라.

Q 그게 무슨 큰 문제라도 되는지요?

승: 사람들이 이런 일로 많은 시간을 허비하고 있기 때문이다. 이런 것은 실제 우리가 살아가는 데 아무 문제도 안 되는데도 잘못된 사람들은 이것을 항상 사람들 속에서 논쟁의 대상으로 삼는다. 너희가 만일에 틀리게 대답하더라도, 영국의 지도층 인사나 대학 교수 수준은 되니 말해보라!

Q 그 질문은 어느 정도 종교적인 질문 같기도 하다고 느끼고 있습니다. 이런 질문은 사실은 저로서는 잘 이해하기가 힘들고, 제 생각에는 창조는 한편으로는 존재하지 않는다는 생각입니다. 처음을 계속 추적하면 거기에 대해서는 아무런 해답도 없는 것 같습니다.

승: 매우 좋은 대답을 해줬다. 내가 이 질문을 너희에게 한 것은 이 속에 엄청난 거짓이 존재하고 있는 것을 말하기 위함이다. 이것이 우리의 삶에 어떤 영향을 미치는지를 설명하기 위해서는 이

런 근본적인 문제부터 알아야 한다고 생각하고 있다. 이것은 너희가 살아가는 데 중요하고, 세상을 이해하는 데도 중요한 해답이 될 것이다. 내가 대학에 가서 항상 사람들에게 진화가 일어나지 않는 곳에는 창조도 일어날 수도 없고 진화가 없는 곳에는 창조도 일어날 수가 없다고 말하는데, 이런 상대적이고 동시에 일어나는 순간적인 것을 어떤 게 먼저라고 어떻게 밝히겠느냐?

Q 그 움직임이 진화와 창조를 있게 만든 원인입니까?

승: 모든 진화도 활동으로 일어나는 것이다. 창조도 활동하므로 일어난다. 대학의 교수나 종교가들이 이런 일을 설명할 수 없는 것은 있는 것을 볼 수 없기 때문이다. 세상에 있는 모든 것의 활동이 시작되었다는 것은 창조와 진화가 동시에 시작되었다고 보면 된다. 창조와 진화는 동전의 앞뒷면과 같다. 저 앞면이 먼저 생긴 것이냐? 뒷면이 먼저 생긴 것이냐? 한다면 그 동전의 판을 보아야 한다. 세워 놓고 쇳물을 부었으면 동전이 앞뒷면이 동시에 만들어지는 것이다. 하지만 눕혀 놓고 보면 뒷면을 먼저 깔아놨는지 앞면을 먼저 깔았는지에 따라서, 그걸 보고 나서 앞면이 먼저 닿았는지 뒷면이 먼저 닿았는지 설명할 수가 있다. 종교인이나 위선자들이 평범한 사람들을 속일 때 많이 쓰는 게 창조론이고 진화론이다. 닭이 먼저냐? 달걀이 먼저냐? 이런 식이다.

Q 달걀이 있었으니까 닭이 나왔을 텐데, 그러면 달걀은 어디서 왔

죠? 정말 헷갈리네요.

승: 사람들은 달걀에서 병아리가 나오는 것을 보고 닭이 달걀을 낳는 걸 보았다. 병아리가 자라 닭이 됐으니 어떤 게 먼저냐? 그래서 평범한 사람이 과연 대답하겠느냐? 우리는 관찰해야 한다. 어떤 생명체가 만들어지면서 그 생명체는 알을 낳기 시작했고 그 알은 또 계속 반복해서 닭을 만들었다. 닭은 알을 낳고 알은 닭을 만들어내고 그래서 닭을 존재하게 한 역사가 되었다. 또 닭을 영원히 세상에서 존재하게 하는 일을 닭은 반복하고 있었다. 알은 닭을 낳고 닭은 알을 낳고 하니, 우리가 있는 일을 정확하게 보면 모든 것이 밝혀지고, 밝혀지지 않으면 입증하면 되는 것이다. 어떤 기운이 환경을 접할 때 거기에서 하나의 생명체로 부활할 수 있고 다른 물질로 변화될 수 있다. 그 물질은 물질 자체에 존재하는 구조로서 움직이게 된다.

Q 여래님이 100% 완전한 순수 에너지가 되면 조물주의 세계로 간다고 했는데, 그 세계가 실제 어느 장소에 존재하는 겁니까?

여래: 조물주의 세계를 근원의 세계라고 하는데, 만일 근원의 세계에 있는 조물주가 감정이 있다면 실수하게 되겠지!

Q 창조에 관한 일입니까?

승: 너희가 근원의 세계가 어디 있는지 묻는다면 대답할 수가 없다. 거기에 가서 다시 인간 세계에 그 기억을 가지고 돌아올 사람도 없고, 갈 수 있는 사람도 없기 때문이다. 그 세계는 분명히 존재하며 그러한 세계는 특별한 사람들만이 알 수가 있다. 하느님이나 창조주를 팔고 있는 사람일수록 경계하라! 그들은 매우 어리석은 자들이다.

Q 태초에 조물주가 어디서 나왔습니까?

승: 이 우주에 어떤 변화가 일어나자, 그 속에 있는 기운이 나와서 헤아릴 수 없는 시간을 통해 소용돌이에 씻기고 진기의 결정체가 나온 것이다. 100% 진기에서 생명 이전에 스스로 의식이 생겼다. 그 의식 속에는 세상의 미래가 비치었으니 그 의식은 미래로 들어갔고 모든 것이 창조되기 시작했는데 이것이 조물주의 근원이다. 너희가 진짜 조물주의 세계에 대한 내 말을 확인하는 방법이 한 가지 있으니, 너희가 진심으로 많은 공덕을 베풀어서 먼저 깨달은 자가 되고, 두 번째 여래가 되고, 세 번째 조물주가 된다면, 너희는 그 사실을 알게 될 것이다.

Q 창조주나 인간 창조행위의 근본 목적은 무엇입니까?

승: 창조주는 모든 생명체의 아버지이며 생명체로 자기를 나게 할 수가 있다. 닭은 달걀의 아버지요 달걀은 닭의 아버지다. 창조

주는 세상을 나게 했지만, 세상이 창조주를 나게 하는 것이 세상을 나게 한 비밀이고 창조주가 난 비밀이다.

Q 창조주가 세상을 창조하는 게 자기를 존재하게 하는 수단입니까?

승: 한 개의 수박이 결국 잎을 피우고 꽃을 나게 하고 열매를 거기에 열게 하는 것은 자기를 얻는 길이고 자기를 나게 하는 길이며 약속이다.

Q 인간도 마찬가지입니까?

승: 조물주도 이같이 세상을 나게 했고, 세상은 또 하나의 조물주를 나게 하는 길이다. 지금 이곳에서 인류가 생긴 최고의 뜻을 너희에게 전달하고 있다는 것을 알아야 한다. 석가모니도 그 당시에는 이렇게 설명할 수가 없었다.

Q 여래님이 '진기가 100% 되면 근원으로 간다. 인간이 완성되는 곳으로 돌아간다. 계속 돌아간다'고 하셨는데, 무엇을 말씀하신 것인지요?

승: 어떤 무지한 사람이 길에서 인간은 하나님이라고 하는 말을 하는 것을 들었다. 왜 헛된 사람들 입에서 그런 말이 나오는가? 지구의 생존연대는 헤아릴 수 없다. 변화기가 한 번 왔다 가면 모든

기록은 소멸하니, 그것은 하나의 추측일 뿐이고 상상일 뿐이며 절대 연대는 추측할 수 없다. 같은 일이 계속 반복해서 모든 것을 잊어버리고 오기 때문에 거기에 아무도 그걸 기억하지 못했다. 애초에 하나의 기운이 소용돌이 속에서 100% 진기가 형성되고 이 진기가 조물주의 근원이 되었고 모든 생명체가 탄생하게 되었다.

Q 그러면 창조주는 하늘에서 왕처럼 인간들을 간섭하고 호령하고 있습니까?

승: 그런 일은 절대 없다. 조물주가 가지고 있는 기운의 영향을 받아서 모든 생명 인자因子가 형성되어 생명체가 나타났다. 그래서 최고의 완전한 인간이 완성되면 그는 근원의 세계로 가게 된다. 또 거기에서는 모든 창조의 세계가 만들어지고, 그 속에서 모든 현상이 나오게 된다. 우리가 존재하고 있는 세상을 법계法界라 하는데, 이 법계는 만물이 서로 존재함으로서 그 뜻 속에서 많은 것들이 날 수 있었다.

Q 조물주가 이렇게 미래를 보고서 세상을 만들고 나서 세상으로 스며들었다고 보면 됩니까?

승: 그 의식이 모든 진기를 생성하면서 의식이 사라졌다. 조물주가 세상에 나자 그 의식이 세상에 존재하고 조물주 자체는 사라지니, 진기가 흩어져 버렸다. 그 의식은 세상을 나게 하고 조물주는

세상으로 변해 버린 것이다. 세상 자체에 그 뜻이 존재하는 것은 하나의 약속이다. 조물주가 나는 것도 약속이고 나지 못하는 것도 약속이며, 옳은 세상이 망하는 것도 약속이고 좋아지는 것도 약속이다.

Q 이 세상은 어떻게 생성되었으며, 왜 인종에 따라 언어학상 차이 나는지요?

숭: 세상의 생성연대는 너무나 오래되었다. 이 세상의 생성연대에 대해서 과학이나 어떤 인류학자가 아직도 발견할 수 없으므로 내 말을 듣고 부정할 수도 있겠다. 하지만 나의 말이 진실임을 너희는 이해해야 할 것이다. 수십억, 수백억 년 전으로 돌아가면 이천지에는 큰 요동이 있었다. 요동으로 인하여 나타나 형성된 것이 하나의 기운이다. 그 요동은 계속되었고 제 맘대로 다니고, 이 기운에 의해서 하나의 세상의 탄생과정이 나타났다. 기운 속에서 조물주라는 하나의 신이 완성됐다. 조물주의 생성과정에 대해서, 어떻게 조물주가 나게 됐는지 세상이 그 당시 요동해서 어떤 상태였는지 아는 것은, 사실 하나 설명하는 데 몇 시간씩 시간이 필요하다. 이것은 이치 속에 그대로 존재하고 있으니 간단하게 실험해도 이해할 수가 있다. 그러나 조물주가 나기 이전의 세계는 의식이 없던 시대이기 때문에 누구도 추적해 낼 수가 없다. 조물주가 탄생하는 과정부터는 역사 변천과 변화에 대해서 말할 수가 있겠다.

2부 창조

Q 창조주는 어떤 이름을 갖고 있습니까?

승: 동양에서는 조물주라고 말하지만, 서양 사람들은 창조주라고 한다. 각각 종교마다 창조주의 이름은 다르다. 네가 설명해 보아라!

원덕: 힌두교에서 말하는 브라흐마는 진리 그 자체를 말하고, 불교에서는 너무나 깨끗해서 티끌 하나 없는 청정한 그 자체가 진리이고 굳이 이름을 붙이면 인격화해서 청정법신 비로자나 부처라고 부릅니다. 이슬람교에서는 창조주의 이름을 알라라하고, 기독교에서는 전지전능해 만물을 관장한다고 믿는 여호와라는 이름을 붙여서 사용하고, 한국의 종교에서는 창조주인 옥황상제께서 천지 공사를 했다고 주장합니다.

Q 창조주는 왜 세상을 창조했습니까?

승: 창조주가 날 시기에는 아무것도 존재하지 않는 암흑세계였다. 그의 마음에 미래의 세상이 비치게 되었고, 미래의 세상을 보고 저 태양계를 있게 했고 세상의 일을 있게 했다.

Q 왜 그런 일을 했습니까?

승: 그 속에 미래가 보였기에 단순히 그렇게 한 것이고, 그게 뜻

이었고 당시 그가 해야 할 일이었다. 내가 길거리에 앉아 있는 거와 똑같은데, 이 일은 내가 해야 할 일이기 때문이다.

Q 인류의 탄생과정에 대하여 알고 싶습니다.

승: 천지의 조화로 인하여 이 세상에 오늘의 환경이 존재할 수 있는 원인이 이루어졌다. 대기층 속에는 엄청난 기운이 존재했는데, 대기층이 형성됨으로서 기운이 밖으로 도망을 가지 못해서 태양열을 받고, 이 땅속에 있는 열기에 의해서 그 기운이 변화를 일으켰다. 이 대기권에 가득 중력에 쌓이게 되었고, 이 중력 속에서 기운이 돌면서 서로 인연을 연결함으로써 생명체가 나게 되었다.

Q 그러면 생명체가 진화됨으로서 결국 오늘의 세계에 이르렀으며 사람들이 있게 되었습니까?

승: 어디 박물관에 가면 공룡 뼈라고 말하는 것들이 있다. 고고학자들은 그 뼈를 맞춘 것을 보고, 골격이 엉터리라고 말할 수 없으니까, 이러한 생명이 진화되면서 결국 온갖 만물이 그 속에서 태어났다고 말한다. 조물주는 어떤 특정한 사람을 의미하고 있지 않다. 조물주 자체도 법으로 만들어지고 완성이 된다. 모든 생명체나 만물도 법으로 인하여 현상계에 나타날 수 있다. 조물주는 우리 눈으로 확인할 수 없어도 현상 속에 존재하는 엄연한 진실이다. 그러니 100%의 진실에 이르게 되면, 엄청난 원력이 생기게 된

다. 이 원력이 천지조화의 근원이 될 수도 있고, 거기에서는 엄청난 조화를 일으키는 힘이 생긴다.

Q 조물주가 기독교에서 말하는 아담을 만든 것입니까?

승: 조물주가 모든 생명체를 만든 것이 아니다. 조물주가 태어나기 전에도 손바닥이 부딪치면 소리가 나는 법칙은 존재했었다. 조물주가 만든 환경의 법칙에서 영원한 자기를 위하여 설계한 것이 오늘날과 같은 세상을 만든 것이다.

Q 창조론과 진화론에 대하여 어떻게 생각하시는지요?

승: 세상에 있는 모든 현상은 창조되면서부터 진화가 계속되었다. 창조와 진화는 동시에 일어난 것이다. 창조되었으니 뜻은 물질을 생산해 내기 시작했지만, 그 물질은 나면서부터 다시 변화의 법칙 안에 들어가서 진화되기 시작한다. 그것은 달걀이 먼저인지 닭이 먼저인지 말하는 것과 같다. "진화가 먼저냐? 창조가 먼저냐?" 이러면 "달걀이 먼저냐? 닭이 먼저냐?" 이렇게 물어보는 것과 같으니, 이렇게 말해라! "이 손을 오므릴 거 같나? 펼 거 같나? 지금 내가 저 창문을 열고 나갈 것 같으냐? 그러지 않을 거 같으냐?" 그 말과 똑같은 것이다. 창조된 물건이 진화하기까지 시간이 걸리고, 존재하는 물체가 없어지는 데까지도 시간이 필요하다. 그러나 나타남으로부터 변화는 시작된다. 사람이 태어나자 시간과

함께 늙기 시작하지 않느냐? 그것은 이미 존재했다.

Q 신이 모든 것을 창조했다고 보는지, 그게 아니라면 신의 존재를
부인하고, 진화하는 모든 것이 생성되었다는 뜻인지요?

슴: 창조론이 종교를 팔았다면, 신에 의해서 창조된 것이냐? 그
렇지 않으면 다윈의 진화론에 나온 것이냐? 이런 식으로 질문한
모양이다. 그런데 신 자체도 법으로 인해서 태어난 것이다. 기운이
진기로 변해갈 때는 끝없는 부딪침 속에서 그 기운이 순수해질 수
있었다. 그래서 순수한 기운의 결정체에서 조물주라는 창조주가
되었다. 어떤 환경적인 요인으로 세상에 자신의 큰 원력으로써 뜻
을 일으켰다. 창조주 자신도 그 뜻으로 인해서 태어났으니까, 모든
만물은 법의 지배에서 나온 것이고, 창조 자체도 법칙의 지배에서
나온 것이다. 이런 것을 모르는 자가 구분해서 보면, 창조와 진화
는 엄청난 차이를 가지고 있다. 하지만 눈을 뜨고 사실을 관찰하
면 창조와 진화의 근원지는 같다.

Q 기독교 쪽에서는 창조라 하고 있고, 과학자들은 진화론이라 하고
있고, 서로 공방전을 펴고 있습니다.

슴: 무슨 창조론이 있고 진화론이 있느냐? 조물주 자체도 뜻으로
난 거 아니냐? 그 뜻은, 천지가 갈라지면서 어떤 기운이 소용돌이
가 일어났고, 기운의 소용돌이가 부딪치면서 그 속에서 하나의 밝

은 기운이 우주를 정리한 것이다. 기운으로부터 생성되는 과정이 조물주의 탄생과정이다. 거기에서 어떤 큰 원력이 나오게 되었고, 그 원력이 현상계를 만들었다. 이 현상계가 만들어지니, 처음에는 하나의 뜻이 나타나더니, 그게 둘로 갈라지고 둘로 갈라지니 또 넷이 되고, 넷이 여덟 개가 되고 그래서 그 속에서 온갖 만물이 나오게 되었다. 그러한 큰 뜻 속에서 여덟 개가 열여섯 개가 되고 이러한 뜻의 부딪침 속에서 뜻이 갈라지자, 그 뜻의 결정에 많은 조화가 나타나게 된 것이다.

Q 뜻이 없으면 어떻게 되는지요?

승: 달이나 이런 데는 궤도에 존재해야 할 대기권 같은 게 형성이 안 되어 있다.

Q 대기권이 없다고 해서 죽은 거라고 말할 수 있습니까?

승: 대기권이 없으면, 모든 게 날아가 버리고 거기에는 아무것도 존재할 수 없다.

Q 존재는 없는데 그래도 지구의 힘으로 계속 돌아가고는 있잖아요?

승: 그것은 우주가 가진 자력에 의해서 돌아가는 것이다.

Q 지구 자체가 생명력을 가지고 있다고 하셨는데, 생명력이 있다는
  것은 결국 생명의 기운이 있다는 것이지요?

승: 기운이 항상 존재하고 있지만, 그 기운이 죽었다가 깨어났다
가 다시 나타났다가 죽었다가 깨어났다가 한다.

Q 결국 깨어났다 죽었다 하는 것이 변화기입니까?

승: 하나의 기운이 존재해서 기운의 영향에 의해서 중력이 존재
하고, 이 중력의 원인에 의해서 변화가 있다.

Q 그 기운이 죽으면, 결국 지구 자체의 생명력은 잃어가는 것입
  니까?

승: 하나의 현상이 일어나고 변화가 생겨 대자연의 폭발이 오고,
이 폭발로 인해서 다시 기운이 가득 차서 새 생명이 그 뿌리를 내
린다.

Q 지구 자체의 원리도 우주의 원리하고 같은 거네요?

승: 사람의 원리나 지구의 원리나 모든 생명체는 같은 하나의 원
리에 의해서 존재한다. 살아 있는 모든 뜻은 하나의 원리에 의해
서 존재한다.

Q 지구 자체의 생명력을 가지고 있으면서도 태양을 계속 돌고 있으니까 그 너머에도 같은 법칙이라는 거죠?

승: 우주의 법칙에 그러한 뜻이 존재한다.

Q 이 현상은 너무나 오묘하네요. 완벽하게 고리에 고리를 이어서 뜻이 뜻을 낳고 뜻과 뜻이 계속 고리가 연결되어 있네요?

승: 하나만 이해하면 전부를 이해할 수 있다.

Q 이 법계는 그물망같이 연결되어 있다고 과거의 부처님이 화엄경에서 말했습니다. 그 뜻에서 아마도 달이 만들어진 모양입니다.

승: 달에 비가 온 지가 너무 오래된 것은, 지구와 같은 환경이 거기에 없기 때문이다. 거기 대기층이 있어야 기운의 작용에 수소나 탄소나 액체나 이런 게 만들어질 것이다. 그런 생성이 안 되고 기운이 존재하지 않는다. 달이 완전히 죽은 달인지 살아 있는지 확인할 수 있다. 과학 장비를 가지고 가서 뚫어서 온수나 뜨거운 물이 안 나오면 죽은 것이다.

Q 이 우주상에 신이 존재합니까?

승: 우주 속에는 너무나 많은 숫자의 신이 존재하기에 누구를 지

칭해서 묻는지 알아야 대답할 수 있다.

Q 우주를 지배하는 신이 있습니까?

승: 종교에서 말하고 있는 창조주를 말하느냐? 나는 모든 신의 세계에 대해서 알 수가 있었다. 나는 인간 세계의 소망을 얻기 위해서 창조주의 비밀을 추적했는데, 그 일만은 실패했다. 저 우주 속에 있는 태양이 끝없이 타고 있는 비밀을 밝히기 위해서는, 창조주가 가진 의식 속에 있는 비밀을 알아야 한다. 나는 반복 현상에 의해서 끝없이 저 태양이 타고 있다는 사실을 알았다. 그러나 그러한 일을 가능하게 할 수 있는 법칙을 그 속에서 알아내지 못했다.

Q 누구도 창조주의 의식은 알 수 없습니까?

승: 이 우주상에서 창조주를 제외하면 지혜의 능력은 내가 최고이다. 창조주는 어떤 감정이 없기에 그는 절대적으로 개인을 돕고 어떤 인간들의 존경받는 일에 신경 쓰지 않는다. 지금까지 창조주를 접촉했다는 사람들은 하급의 신들을 만난 것이다. 나 정도만 하더라도 진리 속에 있는 엄청난 일들을 알고 있는데, 아직 그것을 알지 못했다. 이 현상계의 비밀이라는 것은 모든 것이 창조되었는지 진화되었는지, 이런 창조의 비밀을 이 자리에서 확인해 가는 과정이 되겠다.

Q 여래님도 창조의 뜻은 알고 있지만, 창조주가 되기 전에는 그 법칙의 비밀을 볼 수 없다는 거죠?

승: 오늘날 학자들 속에서는 창조냐 진화냐 이런 시비가 계속되고 있다. 하지만 알고 보면 이 세상 현상계의 비밀이란, 있는 것의 활동에 있어서 있는 일을 있게 하고, 있는 일이 있는 모든 것을 있게 한다. 이것이 우리가 세상일을 이해할 때 증거에 대한 이해이다. 이러한 것을 오랜 시간 동안 계속해서 질문을 충분히 해서 알게 되면 절대 남에게 속지 않는다. 속지 않고 세상의 일을 알면 너희 과거에 지어진 업보를 따라다니지 않아도 된다. 너희가 새롭게 눈을 떴기 때문에 있는 일을 통해서 자기가 가지고 있는 나쁜 것을 버리고 좋은 것을 얻고 소원 성취할 수가 있다. 이러한 세상의 일은 있는 것의 활동으로 모든 결과를 있게 한다. 지금 있는 모든 것은 과거에 있었던 일에 의해서 만들어졌고, 이 모든 활동은 새롭게 존재하게 될 모든 것을 만들게 된다. 이것이 창조의 비밀이다.

Q 지금 여래님이 쓰신 문장은 제가 이해하는 데 혼돈이 옵니다. 지금 표현하고 있는 시제가, 있는 일도 현재이고 있는 것들도 현재인데요?

승: 현재에 있는 것은 활동과 있는 그 자체의 근본과 바탕을 설명한 것이다. 그 활동의 근본은 있는 것이고, 있는 것의 근본은 있는

일이다. 있는 것이 원활하게 활동하는지 위축된 활동을 하는지 사회적 환경을 보면 알 수 있다. 어떤 환경에 의해서 있는 일들이 매우 활발한 활동을 할 수도 있고 저조한 활동을 할 수도 있으니, 있는 것의 활동과 있는 일의 활동이 창조의 근원이다.

Q 천지가 갈라졌다는 표현은 어떻게 이해해야 합니까?

슝: 천지가 갈라졌다고 하는 의미를 말해 주겠다. 하나의 큰 우주가 존재했는데, 조물주 이전의 세계를 추적하는 것은 매우 힘들고 뜻이 나타나기 이전의 것은 조물주도 추적 못한다. 거기에 길이 없는데 무엇이 나타날 것인가? 네가 나기 전의 일을 어떻게 아느냐? 조물주 이전의 세계를 알려고 하지 말라! 이 기운은 어디서 난 것이냐? 바로 천지가 갈라지면서 그 속에 있는 기운이 나게 된 것이다.

Q 천지라는 것은 천체를 싸고 있었던 그 힘이 깨어졌다는 거죠?

슝: 천체를 싸고 있었던 힘이 깨어졌다. 감싸고 있던 기운 속에 있던 물체도 그로 인해서 소용돌이로 갈라질 수가 있다. 이러한 일을 너무 어렵게 생각할 필요는 없다. 내가 자주 이 자리에서 말하는 것은 결국 인간의 진실이 멸망할 때, 인간 세계에 변화가 오는 것을 변화기라 한다고 했다. 이때 모든 생명은 말라서 죽고 새로운 생명이 나타나는 근원은 해일과 지각과 지진 활동이다. 소용

돌이 속에서 하나의 기운이 생성되고, 이 기운이 진화의 원인으로 모든 현상이 나타나기 시작한다.

Q 창조론하고 진화론하고 이해를 잘 못하겠습니다.

승: 창조론이나 진화론이나 둘 다 존재하는 것이다. 왜 사람들은 그것을 그렇게 소중하게 생각하는지 모르겠다. 그건 처음에도 존재했고 지금도 존재하고, 과거에도 존재했다. 현재도 존재하고, 미래에도 존재할 말들인데, 왜 그것이 그들에게 그렇게 소중한지 모르겠다. 창조는 하나의 뜻이 뜻과 만남으로서 또 하나의 창조가 시작되고, 이 창조는 뜻의 결정체이기에 이 세상에는 하나가 둘이 되고, 둘이 넷이 되고, 넷이 여덟 개가 되고 이래서 계속 그 뜻이 나타나고 새로운 창조의 시대가 열린다. 왜 사람들은 그런 데 관해서 그토록 관심을 가졌는가? 지금 질문한 요지가 창조론의 시초인지 진화론의 시초인지 이것을 묻는 것이냐?

Q 창조론은 어떤 것이며, 진화론은 어떤 것입니까?

승: 무엇이 무엇을 만들었는지 어떻게 나타나게 됐는지가 창조이고, 있던 물체가 없어졌다면 어디로 갔는지 아는 것이 진화이다. 그러니까 진화 속에서 또 새로운 창조의 문이 열리고, 창조된 것 속에 진화가 되는 것이다.

Q 진화되는 것도 있고 퇴보되는 것도 있잖아요?

승: 그건 뜻의 결과이다. 어떤 뜻이 거기 있었는지에 따라서 퇴보 되어 썩는 것도 있고, 싱싱해지면 살아나는 것도 있고 죽는 것도 있고 또 거기서 태어나는 것도 있다. 할머니는 죽는데 손자는 태 어나는 것과 똑같은 이치이다. 진화를 관찰하면 물질 속 모든 것 이 계속 진화하고 있고, 환경은 모든 것을 변화시키는 역할을 한 다는 것을 안다. 그러니까 환경이 있는 곳이라면 거기의 모든 생 명체가 진화하고 있다는 걸 느끼고 보게 되고, 어떠한 뜻이 모이 는 곳이라면 거기서는 새로운 것이 창조되는지 관찰할 수가 있다. 이러한 질문들은 보편적이면서도 대답하는 사람이 곤혹스럽다. 상대의 질문의 핵심이 어디에 있는지, 누가 이렇게 질문을 했다고 한다면 진화도 우리 속에서 흔히 볼 수 있고, 창조도 계속 존재하 고 있고 진화도 계속 존재하고 있다. 네 질문 내용의 핵심이 무엇 인지 다시 물어봐야 한다.

Q 어저께 토론을 하다가 두 이론 중에서 지금 미국에서는 기독교를 중심으로 하기에 창조론으로 확정되었다고 합니다. 그 사회가 창 조론으로 흘러가고 있고 진화론에 대해서는 밝히려고 연구하는데 아직도 모른다고 합니다.

승: 창조의 근원도 너무 오래되었고, 하나의 뜻이 존재하는 한 창 조는 그 뜻 속에 존재하고 있고, 생명체가 존재하는 한 거기에서

는 진화가 계속되고 있다. 진화가 계속되어서 그로 인해서 또 새로운 모습을 가진 게 나타나고 성질과 모습이 그 속에서 나타나는데, 창조되면 진화는 바로 따라오는 것이다. 모든 법은 하나의 뜻을 말하는 것이다. 우주에 존재하고 있는 뜻을 법이라고 하고 뜻의 세계를 법계라 한다. 그러면 그러한 뜻 속에서 모든 것은 날 수가 있는데, 그 속에서 변화가 일어난 것은 진화다. 그런데 무슨 창조가 먼저니, 진화가 먼저니 하느냐? 창조되자 거기서 진화는 따라 일어나는 것 아니냐? 쉽게, 플라스틱이 생산되면서 진화는 시작된 것이고. 수백 년 가면 이것도 흙 속으로 사라져 버릴 것이다. 창조되면 진화는 따라온다. 그것을 아는 자가 물었는지가 문제이다. 볼 수 없는 자에게 이게 사과라고 말해 봤자 아무 소용이 없다. 저 밖에 멀리 있는 물건을 보고, 지금 저 하늘 위에 있는 게 고무풍선이냐, 가죽 주머니냐? 하고 물어 봐라! 한 번도 보지 않는 자가 어떻게 알겠느냐? 가죽 주머니에 수소를 넣어도 뜨고 고무풍선에 수소를 넣어도 뜬다.

Q 말씀 중에 '모든 것은 있는 일에 의해서 변화하게 되는 것이 창조의 비밀인데 아직 창조의 비밀은 모른다'고 하셨는데요?

승: 이 조물주라는 것은 형체를 가지고 있는 것이 아니다. 이것은 세상의 어떤 물질이 활동하는 과정에서 100%의 순수 에너지가 이루어졌을 때 가능하다.

Q 100%의 순수 에너지가요?

승: 그것이 기운의 왕이고 그 기운은 파장이 엄청나서 조화를 일으키면 뜻을 세우고 무엇이든 바꿀 수가 있다. 나의 진실의 기운은 98%인데 100%가 언제 되는지는 아직 보장 못한다. 만 년이 지나서 갈 건지, 백만 년이 지나서 갈 건지, 영원히 못 가게 될지 모른다. 누구도 조물주가 있는 근원에는 도착할 수 없다. 이미 세상은 만들어져 있기에 세상도 자기 자체에 있는 구조를 이용하고, 있는 일을 허용하고 계속 태어나는 것이다. 그래서 있는 일을 통해서 같은 일이 계속 일어나게 만들고 새로운 구조에 의해서 똑같은 활동을 계속한다.

Q 종교 계통에서 말하는 천국과 극락이 근원의 세계와는 무엇이 다릅니까?

승: 세상의 모든 일이 지어지는 곳이 근원의 세계이다. 극락이라는 것은 여기서 말하는 4차원이다. 지금 인간이 사는 세계를 1차원이라고 말한다면, 윤회를 2차원이라고 보고, 천국과 영생의 세계를 3차원이라고 본다. 극락은 그 위인 4차원이다. 1차원에 떨어진 영들은 2차원에 자유자재로 이르기가 어렵고, 3차원에 이르는 것이 안 되는 것은 이 법칙의 세계는 절대적 요건이 갖추어지지 않으면 절대적으로 이를 수가 없다. 어떻게 요건을 갖추어지는지는 자기 속에 있는 문제로서 이루게 된다. 너희 스스로 세상의 일

에 눈을 뜨고 알아보게 되었을 때, 자기 속에서 길을 찾을 수 있다. 간단하게 너희가 업을 정지시킬 수 있다면, 영생이나 천국에 갈 수 있다. 그러나 너희가 업이 어떻게 생겼고, 또 어떻게 생기게 되고, 어떻게 그 업을 정지시킬 수 있는지 너희 스스로가 깨닫고 그것을 알아보지 못하는 한, 말로는 불가능하게 되어 있다.

Q 선생님은 신을 믿습니까?

승: 신은 존재한다. 나의 진실은 신의 세계에서도 최고에 이른 자이고 신들이 나를 믿는다. 너는 무엇을 잘 모르고 진실을 모른 채 질문하고 있다.

Q 제가 생각할 때 조물주는 한 분으로 생각하고 있는데, 많은 조물주가 태어날 수가 있는 것입니까?

승: 여러 사람의 조물주가 날 수는 있으나 조물주가 난다는 것은 사실 너무나 오랜 시간과 노력이 필요한 것이다. 법을 통해서만 나기 때문에 조물주가 그렇게 나는 게 거의 불가능하다. 법 속에는 수백 수천만 명의 조물주가 날 수 있으나, 사실 조물주가 나는 것은 너무나 어려운 일이다. 만일에 조물주가 세상에 여럿이 났다면, 모든 별이 변화를 계속해서 지구처럼 생명체를 존재하게 하는 일들이 많아질 것이다. 하지만 우리가 알고 있는 상식에 의할 것 같으면, 아직 외계의 생명체를 접했다는 보고는 들어와 있지 않다.

Q 창조설과 진화설과 달리, 어떤 다른 곳에서 온 생명체가 지구에
　유입됐다는 설도 있습니다.

승: 이 우주에 또 다른 우주가 있다는 말인가? 우리가 마음이 닿
는 곳을 전부 우주라 한다. 그런데 마음이 닿지 않는 그 먼 곳까지
는 말이 안 되는 것이다.

Q 성경의 말처럼 창조주가 창조했는지, 많은 학자의 말처럼 그런 미
　생물에서 이렇게 진화가 되었는지, 아니라면 다른 곳에서 왔는지
　그런 것을 알고 싶습니다.

승: 아무리 여래라 해도 만 년 이상은 보지 못한다고 했다. 그런
데 수백억만 년 전에 있었던 일을 어떤 여래가 모른다고 하면, 결
국 근원적으로 알아낼 수 없는 것 아니냐? 왜 알려고 하는지 모르
겠다. 그래서 거짓말이 존재하는 것이다. 극락세계에도 하늘나라
에서도 진실과 환경 때문에 수명이 지구보다는 수백 배가 늘어나
는 것은 사실이다. 하지만 그곳에서도 변화는 있다. 변화가 없으면
죽은 것이고, 설사 창조주라고 하더라도 변화해야 하늘을 비춰줄
것이니 이 세상에 영원한 것은 없다.

2 — 말법 시대

종교인들이 하는 말을 들어보면 논리적으로 맞는 것 같지만 그 속에는 있어야 할 원칙이 없고 문제가 없었다. 그래서 지금까지 이어진 종교인들의 말 대부분이 어디에서 누가 한 말인지 확인할 길이 없다. 가르침이라는 것은 정확한 사례를 제시하며 '보아라!'고 자신 있게 말해야 하는데 무조건 '믿으라!'고만 하면 어떻게 되겠는가? 석가모니는 이렇게 말했다. 말세엔 모든 사람이 진실을 버리는 '말법시대'가 될 것이라고. 이 시대 사람들은 진실이 얼마나 자기 삶에 중요한지, 그 진실이 어떻게 자기에게 있게 되는지를 생각하지 않고 자신을 버리기만 한다. 그러기에 이 시대는 머지않아 종말을 맞이하게 된다. 물론 한 세상의 종말이지 영원한 종말은 아니다.

Q 창조주가 누구인지 궁금합니다.

승: 내가 해탈하고 연화도 고요한 섬에 혼자 누워 바람 소리만 듣던 때에 정신이 참 맑았다. 그때 교회에 갔다. 교회는 하나님을 판

다. 하나님이 도대체 누구냐고 물어보니 창조주라고 했다. 그럼 창조주는 누구냐고 하니까 조물주라고 했다. 창조주는 근원의 세계에서 모든 원칙을 관리하는 기운의 왕이고, 이 원칙을 절대 바꾸는 일이 없다. 세상이 존재하는 한 원칙은 한 번도 바뀐 적이 없으니, 나는 창조주가 어디 있는지 보려고 닿는 데까지 의식을 보냈다. 그런데 의식이 가다가 닿지를 않았다. 나의 의식은 어디든지 들어가야 하는데 닿지를 않아서 '이것은 근원의 세계구나!'라는 것을 알았다. 근원의 세계는 자기 몸에 있는 에너지가 100% 순수 에너지가 되어야 갈 수 있는 곳이다. 나는 98%인데, 여기서 100%가 되기 위해서는 얼마나 더 많은 실천이 있어야 하는지 계산할 수가 없었다. 영원히 아무도 갈 수 없는 곳에 있는 대상을 두고 그들이 말하는 것은 자기들하고는 아무 상관도 없는 곳이다. 나도 못 갔는데 그들이 어찌 갈 것인가.

Q 태초에 어떻게 사람이 존재하게 됐습니까?

승: 이 세상이 오늘과 같은 구조를 갖게 된 것은, 이미 수백만 년 전에 있었던 일이다. 그런데 수백만 년 전에 어떤 사람이 어떻게 태어났느냐고 묻는다면 아무도 본 사람이 없다. 만일에 그런 일에 대해서 내가 대답한다면 그건 내 생각을 말하는 것이다. 그러나 그 문제에 대해 수수께끼를 풀겠다. 먼저 어떻게 생명체가 태어나고 있으며 생기는지 그 비밀을 알기 위해서는 세상에서 그 숙제를 구해야 한다. 그리고 곧 세상에서 누구나 볼 수 있는 시간이 올 것

이다. 세상도 주기적으로 반복하는데, 이 시계에서 보는 것처럼, 1에서 시작해 12로 향하고, 12를 지나면 다시 1로 향한다. 수백만 년 전에 이 우주에는 대폭발이 있었고, 그 폭발을 통해서 엄청난 소용돌이가 있었다. 이 소용돌이 속에서 기체가 생긴 것이다. 기체가 진화되면서 모든 만물이 생겼다.

Q 처음에 있었던 대폭발은 왜 일어났습니까?

승: 그런 것을 말하는 것은 매우 어렵다. 어떤 물질을 이용해서 실체를 만들고 그 폭발 과정을 얼마든지 관찰할 수가 있는데, 정확한 대답은 그걸 보고 이야기해야 한다. 그런데 지금 곧 일어나게 될 일들도 이와 똑같은 과정으로 가고 있다. 지구는 6천 년에서 8천 년을 주기로 반복되고 있다. 지구의 사이클이 곧 원점에 도달한다. 이 과정에서 일어나는 게 변화기다. 지구는 이 변화기를 통해서 필요한 자원을 만들고 필요한 생명체의 근원들을 만들고 있다. 교육을 통해서 어떤 물질의 성질을 알아내고 그 물질을 이용해서 기구를 만들어 낼 수도 있을 것이다. 세상에 존재하는 원리를 이해하고 알아보게 되면 스스로 자기를 창조하고 자기의 미래를 결정하는 이런 모든 일을 있게 할 수도 있다. 21세기 중반이나, 그전에 지구에 변화기가 오게 되면, 누구나 내 말을 기억한 사람들은 변화기가 와도 살아남게 되고 모든 창조의 비밀을 알게 될 것이다.

Q 저는 진리를 알고 싶습니다.

승: 진리를 아는 게 중요한 게 아니고 진리를 보려면 세상일에 눈을 떠야 한다. 이제 이런 일은 너희에게 가능한 일이 되었다. 지금까지 누구도 인간의 의식을 눈뜨게 할 수 있는 정확한 길을 알지 못했다. 그런데 나는 모든 길을 알게 되었다. 너희가 어떤 해답을 달라고 하면 나는 정치, 경제, 모든 분야에 대해서 문제를 만들어서 풀어 보겠다.

Q 세상에는 창조론을 믿는 사람도 있고 진화론을 믿는 사람들도 많습니다.

승: 창조론이나 진화론이나 그 질문을 한 사람에게 가서 물체는 어떻게 생겨났는지, 네가 왜 이것을 알려고 하는지 물어보라! 그리고 이렇게 알려 주어라! 그것은 하나의 뜻으로 나게 되었는데, 한번 나타난 것은 계속 존재했고 나타난 것은 계속 변화한다. 법은 조물주가 나게 했고 조물주는 그 환경을 나게 했고, 그 환경 속에서는 뜻이 일어나서 많은 생명을 존재하게 했다.

Q 조물주 자신이 사람을 만들고 쥐를 만들고 닭을 만들고 꿩을 만들고 할 수는 없을 것 아닙니까?

승: 잘못된 종교에선 창조주를 이야기한다. 창조주는 근원의 세

계에서만 나타나고 인간 세계에는 절대 안 온다. 근원의 세계는 천지 모든 기운의 왕이고 거기서는 온갖 조화를 만들 수 있다. 하지만 사람을 만들지도 않고 사람의 운명을 결정하지도 않는다. 창조주의 세계에는 자기가 존재하면 절대 못 간다. 자신까지 존재하지 않았을 때 갈 수 있는 곳이다. 그러니까 창조주는 법의 왕이고 법계를 지배하는 지배자다. 창조주의 세계에 대해서 가장 많이 아는 자는 이 세상에서 오직 나 하나뿐이다. 나는 의식을 통해서 알고 있다. 나의 진기의 순도가 98%이니, 나의 진실의 기운이 100%가 되면 나 자신까지 잊어버리고 내 인자 속에 있는 핵의 큰 기운은 근원의 세계로 가게 된다. 이 세상 천지 기운의 조화 속의 왕이 된다.

Q 승가에서는 지옥 중생을 구하기 위해 지옥을 가겠다고, 그런 말을 합니다.

승: 지옥에 중생을 구하러 가는 게 아니고, 어쩔 수 없이 가는 것이다. 삶을 그렇게 전도몽상 속에 살며 남을 속이면 그 내면에 있는 의식이 망하고 죽으면 지옥에 가서 구하는 게 아니다. 자기가 지옥에서 구원받지 못한다. 그러니까 너희는 사실로 평가해야 한다. 세상 모든 것은 법칙으로 존재하고, 이러한 법칙은 만물과 인간, 그리고 세상 어디든지 존재하는 것이다.

Q 과거 석가모니께서 중생이 전도몽상 속에 살아간다고 하셨는데, 3

천 년 전이나 지금이나 있는 사실을 바로 보지 않고 거꾸로 말하고 환상을 보는 이유는 무엇인지요?

승: 변화기가 오면 종교와 무리 속에서 살아남을 자 극히 드물다. 그들은 거꾸로 말한다. 세상은 법칙이 존재하는데 자기가 어떻게 존재하는지 모르는 상태에서 무조건 구원받는다고 주장한다. 그래서 나는 사람들에게 '당신들은 어떤 가르침을 통해서 그런 것을 배워서 자신을 얻을 수 있었냐'고 묻는다. 그들은 대답하지 않았다. 그런데 세상에 존재하는 모든 것은 증거로 존재하고 있다. 세상은 있는 것에 대한 증거다. 세상을 통해서 모든 것을 확인할 수 있는데도, 그들은 확인할 수 없는 말을 한다. 그러니 확인할 수 없는 말은 인간이 만든 거짓말이다. 있는 일을 진실이라고 하는데, 왜 있는 것을 확인할 수 없단 말인가? 있지 않은 일은 일어날 수도 없는 일이며, 있지 않은 일을 믿는 자는 결국 거기에서 아무것도 얻지 못할 것이다. 허공에 씨를 뿌리면 날아갈 뿐이다.

Q 물질을 분석해서 안으로 작게 들어가면 분자와 원자가 나오는데 그 끝엔 무엇이 있습니까?

승: 분자나 원자를 분해해 보면 아무것도 없다. 입자 중심에는 핵이 있고 주변에 전자들로 둘러싸여 있다는데 내가 근본 세계에서 본 것은 기운뿐이었다. 이 질문에 대한 대답은 앞서 한 말의 반복일 뿐이다. 태초에 이 세상은 뜻 하나가 생겨서 거기에 자꾸 중력

2부 창조

과 기운이 쌓여 갈라졌다. 그래서 천지가 생겼다. 천지가 갈라지면서 나오는 힘에 또 하나의 기운이 생기고 작은 기운들이 나타나게 되었다. 이 기운들이 계속 마찰하면서 또 새로운 기운이 나오게 되었다. 이렇게 해서 수만 가지 헤아릴 수 없는 뜻이 존재하게 되었다. 이러한 뜻을 통하여 물질과 문화가 일어났기 때문에 실제로 모든 물질의 근원을 정확하게 대답하는 것은 너무나 오랜 시간으로 거슬러 올라가야 한다. 그러므로 분자와 원자도 실제로 또 분해하면 아무것도 없는데, 아무것도 없는 그곳에 오묘한 뜻이 있어 새로운 생명이 탄생한다. 반복이자 윤회다.

Q 창조주가 가지고 있던 완전한 창조의 계획은 어떤 것이었는지요?

승: 조물주는 나의 스승이다. 스승이 하는 일을 왜 모르겠느냐? 스승의 탄생과정이나 스승이 만들어진 근본과 능력을 말하면 이 수수께끼는 간단하게 풀린다. 자꾸 거슬러 올라가겠다면 너희 식으로 해 보아라! '이 천지에 아무것도 없을 때 누가 이 세상을 만들었느냐?' 하고 어느 학생에게 물어봤다. 그는 기독교 신자였던 모양인데 창조주가 세상을 만들었다고 했다. 이 창조주는 누가 만들었을까? 아무것도 없었는데 창조주가 툭 튀어나왔겠는가? 내가 추적해본 결과 창조주의 근본은 기운이고 바탕은 법칙이다. 이 천지에 대이동이 있었는데 오백억만 년인지 더 오래인지 아무도 짐작할 수 없다. 끝없이 아득한 먼 과거에 이 우주에는 하나의 큰 물체가 형성되어 있었다. 그 물체가 소용돌이를 일으키면서 기운이

나타났다. 기운 속에서 기운이 계속 충돌하며 압력과 열기에 시달리다 하나의 진기를 이뤘다. 그리고 이 법칙 속에서 기운은 하나의 완전한 100% 진기로 변했다. 진기에는 엄청난 원력이 존재하고 거기에 의식이 나타나기 시작했는데 이것이 만물의 시초이다.

3 — 근원의 세계

최초의 의식이 태어났을 때 어떤 생명체도 없었다. 기운이 오랜 세월 서로 부딪치고 부딪친 결과 엄청난 소용돌이 속에서 100% 진기를 형성하고 진기에서는 의식이 생성되기 시작했다. 의식에 비친 미래가 세상이다. 미래가 의식 속에 비쳤다. 그 캄캄한 우주에서 미래가 의식 속에 비치자 미래의 근본을 추적했다. 그의 의식 속에는 반복 현상의 원리가 나타나기 시작했다. 세상에 반복 현상의 원리를 심음으로서 살아 있는 지구를 존재하게 했고 영원히 떠 있는 태양을 나게 했다. 이러한 모든 것이 원력에 의해서 흐트러지지 않고 자전하고 거기에서 자기 역할을 하니, 자신을 통해서 영원히 자신이 존재하는 반복 현상을 만들면서 모든 생명체가 그때부터 세상에 태어나게 만든 것이다. 내가 항상 최고라고 말하는 것은 내 의식이 가지고 있는 진기의 근본이 하늘과 땅 위에서, 신과 인간의 세계에서 최고에 이르러 있다는 말을 설명한 것이다. 이 최고라는 말을 하는 상태에서 어느 정도인지를 보면, 나는 세계 유수의 과학자나 물리학자 등을 막론하고 만나 대화하면 그들의 질문에 막히지 않고 대답할 수 있고 절대 틀리지 않는다. 이것은 인간의 능력으로 불가능하다. 하늘에 있는 신이 대단한 줄 알지만 절대 그렇지 않다. 그렇게 본다면 나는 최고라고 말하더라도 거짓이 없다.

Q 창조의 기본 원리는 반복 현상입니까?

승: 반복 현상의 원리다. 나는 석가모니가 설파한 내용을 보고, 나는 그가 완전한 깨달음에 이르렀음을 알았다. 그것을 모른다면 반야심경이나 반복 현상의 원리를 설명할 수가 없다. 깨달음을 얻는 순간 나 자신의 의식은 근본의 세계에 도달했다.

Q 선생님이 깨닫게 된 경위를 알 수 있습니까?

승: 내 나이 마흔넷이 됐을 때, 나에게는 매우 큰 좌절이 있었다. 이대로 가면 국가가 망하고 앞으로 이 나라의 민족이 큰 고생을 하는데, 나는 도대체 어떻게 이 나라를 도와야 할 것인지 걱정했다. 시대 상황에 대해서 비판도 하게 되었고 비전 제시도 했다. 정부나 당시 정권에게 난 눈엣가시 같았을 것이다. 그런데 근면, 검소, 정직으로 살아온지라 털어봤자 먼지 하나 나지 않으니 함부로 잡아넣을 수도 없었다. '제3공화국'이라는 드라마를 보면 '풍년 작전'이란 것이 나온다. 뛰어난 사람이 있으면 그의 신상을 탈탈 털어 잡아넣고 마땅한 죄목이 없을 땐 수족을 잘라 버린다. 3선 개헌 때 김진만, 김성곤, 길재호 등 반대 세력이 있었는데, 박정희가 오

치성을 내무부 장관에 앉혀놓고는 반대 세력을 공직사회에서 축출했다. 사람들은 내무부장관 사퇴결의안을 상정시켰고 오치성은 사퇴했다. 그 당시 사람들은 끌려가서 많이 두들겨 맞고 출당 조치 되기도 했다. 나는 그때 상당히 많은 주시와 박해를 당했다. 사람들 앞에 나서면 내가 죽을 것이고, 그렇게 안 하면 양심이 죄가 되었다. 그래서 나는 마흔네 살이 되기 전에 '한탄'이란 시를 썼다.

Q 한탄이라는 시는 깨닫기 이전의 것입니까?

승: "양심이 죄가 되니 나설 곳이 없고, / 만고에 풍상 겪어 펼 곳이 없네. / 천 사람 능력 지녀 쓰지 못하니, / 세상에 태어남이 운명뿐인가?"

　나는 각자가 지고 있는 운명 때문에 결국 나는 만고의 풍상을 겪었고 천 사람의 능력을 지니고 있어도 어두운 세상에서 할 일이 없었다. 그래서 나는 양심이 죄가 되니까, 교통이 불편한 섬에다가 작은 집을 하나 사 놓고, 거기에 가서 엎드려 세월을 보내고 있었다.

Q 그러면 섬에서 깨달음을 얻었습니까?

승: 나는 나 자신을 알기 위해서 과거로 돌아갔다. 미래로 지향하지 않고 거꾸로 갔더니 거기에 근본의 세계가 존재했다. 그것을 보고 나는 비로소 깨달음을 얻을 수 있었다. 그때부터 모든 현실

이 나의 의식 속에 비치기 시작했다. 근본의 세계를 보자 번뇌와 망상이 사라졌다. 의식이 내게 비치기 시작했고, 문제를 보면 거기에 답이 연결되었다. 조물주도 이와 같았는데, 여래는 창조주의 위치 바로 밑에 있고 그 창조주를 조물주라고 한다. 창조주의 세계는 여래도 보지 못한다. 그곳은 우주 근원의 세계이다. 근원의 세계에 조물주가 나게 되면, 지구 같은 별을 만드는 게 가능하다. 달같은 공간의 별에 기운이 모여서 새로운 세계를 만들어내게 된다. 생명을 거기에서 꽃 피우고 모든 현상을 일어나게 하는 법을 존재하게 해서 새로운 세계를 만들어낼 수가 있다.

Q 선생님은 원리를 이용해서 비행접시 같은 걸 만들 수 있습니까?

승: 내가 아무리 보는 자고 뛰어났다고 하더라도 세상엔 너무나 많은 법과 오묘한 일이 자꾸 나타난다. 그러나 나는 있는 것을 보는 자이니, 진실을 알고자 내게 법계에 있는 것을 설명하라고 한다면, 하나의 쇠뭉치가 가지고 있는 성질과 기능을 이해하려 할 때 나도 너희가 가지고 있는 자료를 본 후에 원리를 지도해 줄 수 있다. 그 자료를 보지 않은 상태에서는 많은 시험과 테스트나 과정을 거쳐야 하니 오랜 시간이 걸린다. 오늘의 문명이 쌓아 온 것은 이 실상의 세계에서 나타나는 법칙을 이용해서 쇠붙이를 만들고 비행기를 만들었다. 우리 생명의 세계에도 이러한 법칙을 이용한 모든 것이 존재한다. 실상의 세계에 존재하는 원력 정도는 차원 높은 신들도 일으킬 수가 있다. 하지만 세상의 창조는 이 근원

의 세계에 간 자만이 할 수 있다.

Q 그러면 임무를 완수한 후에는 어디로 가십니까?

승: 나 자신이 어디로 갈 것인지는 나도 잘 모른다. 나의 진실은 업장이 98% 소멸했다. 나의 업이 2%가 완전히 없어지는 것은 십년이 걸릴지, 만 년이 걸릴지, 십만 년이 걸릴지 모른다. 이 2%가 없어지면, 나는 신의 세계로 가지 않고 근원의 세계로 가는데, 조물주의 세계다. 그러면 영원히 이 세상에도 오겠다는 약속은 없다. 그렇지 못할 때 나는 천상에 가서 가장 존경받는 자리로 가게될 것이다. 나의 삶은 그만한 가치가 있으므로 내 모든 것을 걸고 이렇게 활동을 하는 것이다. 내가 이 시대를 통해서 근원의 세계에 이르게 될지도 모른다는 것은, 이것은 엄청난 일이다. 그 근원의 세계에서 조물주가 태어난다. 사람들은 조물주를 하나님이라고 하고 있지만 나는 하나님의 관계에 대해서 잘 모른다. 조물주는 세상에 와서 본 적이 없다. 그러니 보지 않은 것을 말하면 자기 생각이니까, 진실한 자는 자신이 보지 않은 것은 모른다.

Q 창조주와 하나님은 같은 존재인가요?

승: 존재하는 사실을 보고, 사실을 이야기하는 것은 매우 정확한 증거를 제시할 수 있다. 여래가 세상에 큰 공덕을 짓게 된다면, 진실은 더욱 밝아져서 근원의 세계에 이르게 되고 왔던 길을 되돌아

갈 수도 있다. 내가 얻은 현상은 그 과정을 통해서 또 나타난다. 이 것이 세상의 법칙 속에 있는 법칙이다. 조물주가 하나의 뜻을 세 워서 만물을 나게 했다면, 만물도 하나의 뜻을 통해서 조물주의 세계로 돌아갈 수 있다.

Q 그 하나의 뜻이 뭐라고 보십니까?

승: 그 뜻은 왔던 길을 통해서 가고, 모든 것이 나타나고, 그 뜻을 통해서 돌아갈 수도 있다는 것이다.

Q 그 뜻을 인과의 법이라고 말하면 됩니까?

승: 그렇게 말해도 되지만, 실제 너희가 들으면 이해하기가 매 우 어려울 것이다. 너희 마음이 닿지 않으니, 내가 이러한 법을 설 했지만 사람들이 알아듣지를 못하고 이 법이 얼마나 소중한지 모 른다. 내가 아무리 말해도 마음에 닿지 않고 그들의 시각으로서는 근본의 세계를 볼 수가 없다. 근본의 세계는 세상에서 가장 깊은 근원이다. 근원의 세계는 우주의 가장 높은 곳이고 우주의 시발점 이다.

Q 근본과 근원을 달리 말씀하십니까?

승: 근본의 세계는 세상의 시발점이라 할 수 있다. 근원의 세계는

2부 창조

우주의 시발점을 말하는 것이다. 우주 천체가 깨어지면서 거기에 나온 기운이 계속 진화를 거쳐서 조물주를 탄생시킬 수 있던 그 원인의 세계를 근원의 세계라고 한다. 이러한 법칙을 통해서 모든 것은 나타나고 사라지게 되어 있다.

Q '나 자신의 근본은 나이며, 자신 속에서 났다' 그렇게 보면 나 자신 의 근원은 무엇인지요?

승: 한번 뜻을 통해서 만들어진 것은 자기 속을 여행을 하게 된 다. 한번 생명으로 나게 되면 생명은 자기가 없어지고 싶어서 없 어지는 게 아니라 변화를 계속한다. 콩을 먹게 되면 그 콩 자체는 없어지는 것이 아니다. 그 기운은 사람의 다른 기운과 합쳐져서 다른 생명으로 나게 될 것이니, 사람이 먹어버려도 그 콩 자체는 존재한다. 콩 한 알을 심었는데 여러 개의 콩이 열렸다면 땅에 있 는 기운이 싹을 틔우게 했고, 기운을 통해서 그 모습이 만들어진 것이다.

Q 모든 것은 현상 속에서 기운으로 변하고 현상으로 돌아오고 이러 는 겁니까?

승: 현상이 기운을 만들고 기운이 현상으로 돌아온다.

Q 그런데 사람의 경우에는 그 현상과 기운 사이에 신이 존재한다고

하셨는데, 식물에서도 신이 있나요?

승: 열매가 존재한다.

Q 힌두교 같은 데에서는 범신론이라 해서 모든 것에 신이 존재한다고 하는데, 나무에도 신이 있는지요?

승: 나무에도 신이 존재한다. 기운 자체가 신이고 모든 물질은 신이 존재한다. 기운이 의식을 가지게 되면 영혼이라 하는데 개도 하나의 의식이 생기면 그로 인해서 자체에 영혼이 생긴다.

Q 개도 자기가 해야 할 짓과 안 해야 할 짓을 분간할 수 있을 때가 되어야 인간이 되겠지요?

승: 인간이 되고 싶다고 인간이 되는 게 아니라 인간이 될 수 있는 척도가 있다. 기운이 얼마만큼 강력한 힘을 가질 수 있는지에 따라서 인간이 될 수도 있고 안 될 수도 있다. 여기에서 열심히 공부하는 사람들은 틀림없이 인간으로 태어난다. 자기를 가지고 있으므로 자기 스스로 자기를 선택한다.

Q 그러면 개도 사람으로 태어날 수는 있나요?

승: 글쎄! 개도 사람으로 태어날 수 있기는 하지만 사람이 자기

2부 창조

가 전생에 지어놓은 그 운명을 벗어나는 것도 너무 힘든데, 그 개가 무슨 인연으로써 자기를 변화시키겠느냐?

Q 우주의 생성 비밀을 얘기할 때 기독교에서는 창조주이신 하나님께서 우주 만물을 창조했다고 이야기하고 있고, 불교에서는 우주 만물은 무시무종이라고 합니다. 선생님께서는 창조주를 자꾸 피력하셨는데 선생님께서는 우주 생성의 비밀은 어디에 있다고 보시는지요?

승: 기독교에서도 우주 생성의 비밀을 잘 모르고 있다. 그들은 평범한 인간들이 들은 이야기 속에서 기독교의 성경을 만들었기 때문에 알 길이 없다. 불교에서도 당시의 석가모니가 금방 말한 것을 어떻게 설명했는지, 석가모니의 진정한 가르침이 있었는지 잘 이해하기 어렵다. 내 위에는 조물주가 한 분이 있는데, 그는 의식이 없으나 그 속에는 무한대의 힘이 있다. 그가 원하는 모든 것은 이루어질 수가 있다. 자신이 가지고 있는 근원의 기운이 자기를 바치면, 모든 뜻을 그 속에서 이루어지게 한다. 그래서 모든 것을 존재하게 할 수 있다.

Q 그러면 신이 먼저인지 인간이 먼저인지, 달걀이 먼저인지 닭이 먼저인지, 설명할 수 있는 것 아닙니까?

승: 이러한 문제를 푸는 것은 어렵지 않다. 우주가 생성된 것은

헤아릴 수 없다. 인간이 살아온 역사는 기독교에서 말하는 육천 년이 아니다. 수백억만 년 전에도 인간이 지상에 살았고, 누가 이 세상이 생긴 연대를 말하라고 하면 내가 안 봤는데 어떻게 아느냐? 그것은 너무나 오래되었기 때문에 말할 수 없고 나는 그때 태어나지 않았다. 이 지구가 생성되는 날 나는 태어난 자가 아니니까 모른다고 말하면 사람들이 나를 아직 멀었다고 한다. 그런데 안 본 것을 어떻게 아느냐? 그런데 우리가 안 본 것도 존재하면 믿어야 한다. 이 세상의 태초에 모든 것을 아무런 변화 없이 그대로 두면, 그 속에선 절대 땅이 태양이 되는 그런 일은 없다. 하나의 뜻이 닿아서 모든 것이 이루어지며, 이 뜻은 연결이 안 되면 현상으로 나타나지 않는다.

Q 조물주는 어떻게 만들어지게 되었습니까?

승: 간단한 시험을 통해서 모든 것을 확인할 수가 있다. 비슷한 문제를 풀 수가 있고 이 우주의 비밀도 풀려면 간단하다. 하지만 너희가 이 간단한 문제를 어렵게 생각하기에 풀 길이 없다. 사실 그런 세계의 문제를 종합해 볼 수가 없으므로 이해할 길이 없다. 과거의 세상에도 부처는 나와 같이 이렇게 설명했을 것이다. 여래는 부처 속의 부처를 말하는 것이고, 이 부처는 모든 얽매임으로부터 벗어나고 온갖 욕망이 그를 붙잡을 수 없게 되면 윤회의 법이 그를 잡지 못하니까 그는 영원한 생명체로 변한다. 석가모니는 이렇게 말했다.

"천지가 폭발하고 거기서 나온 법으로 인하여 모든 것은 존재하고 조물주 자신도 법으로 인하여 나타났다."

그러면 조물주를 만든 근원의 세계에 이르게 할 수 있는 자는 누군가? 정답은 조물주가 아니라 법칙이 근원의 세계에 이르게 하고 있었다. 저 비행기는 누가 만들었는가? 기술자들이 만들었다. 그 기술자는 무엇을 가지고 저 비행기들을 만들었는가? 법칙으로 비행기를 만들었다.

Q 태초라고 하는 말이 이해할 듯했는데 계속 듣다 보니 잘 모르겠습니다. 다시 한 번 설명해 주시죠.

승: 태초에 이 우주에는 대혼란이 있었는데 그때 그 속에서 한 과정에서 일어나고 있는 소용돌이가 있었다. 폭발 물질에 부딪치면서 소용돌이가 계속 때려오는 동안에 하나의 의식체가 그 속에서 생성되어, 진실의 기운이 모여지고 세상과 우주를 존재하게 하는 하나의 근본이 된 것이다. 이러한 일을 간단한 과학 실험을 통해서 얼마든지 발견할 수 있다. 그런데 이 말을 하기 전에 우선 이 말을 반신반의하는 너희의 숙제부터 풀어주겠다. 태초에 있었던 일이 세상에서도 계속 반복되고 있으며, 생명의 비밀이 기운이라 했다. 이 기운이 어디에서 생성이 되는지는 현상을 통해서 얼마든지 볼 수 있다. 조물주가 이 세상에 남긴 것은 '영원한 세상을 만든 비밀은 반복 현상'이라는 것이다. 모든 물질은 반복 현상을 통해서 존재하게 된다. 모든 뜻은 하나의 반복 현상으로 연결되니, 물질은

세상에 온갖 뜻이 있어서 사라지고 나게 하는 일을 하고 있다.

Q 종교에서 성인이란 말을 듣는 이들은 깨달은 사람들입니까?

승: 여래로 온 자도 있고 보살로 온 자도 있다. 그 이름은 예수가 될 수도 있고 소크라테스도 될 수도 있고 노자가 될 수도 있고 또 다른 사람으로 나타날 수도 있다. 그런데 반복 현상이 존재했다는 세상의 일을 성인들의 입을 통해서 거기에 말세라 해놓았다. 이 세상도 반복 현상이 존재하지 않으면 곧 끝나지만, 이 반복 현상에 의해서 세상에 끝없이 생명체가 존재하게 된다. 그런데 말세라니까 종교들은 곧 지구가 망한다고 하고, 무슨 교가 교리를 운운하며 몇 장 몇 절에 '칼을 가진 자가 와서 악마의 혀를 잘라 버린다' 같은 말이 있다고 한다. 몇 월 며칠에 세상이 망할 것이니 돈 있는 자들은 빨리 교회에 헌금하라고, 찬송 열심히 부르고 기도하면 안 죽을 거라고 사람들을 속인 이들도 있었다. 너희가 이해할 수 없는 일이 있다는 건 사실이다. 모든 생명체가 삽시간에 사라지면서 거기에서 그때 있었던 생명체의 기운은 소멸이 되고 새로운 기운이 나서 매우 뛰어난 씨앗이 부활한다.

Q 어떻게 모든 물질과 생명체가 형성되는지 그 과정을 저희가 관찰하고 추적하면 알아낼 수 있습니까?

승: 6천 년 전에 이 세상에는 변화가 있었는데, 그 변화기의 일을

2부 창조

내가 설명하면 아무도 믿지 못한다. 책에 기록도 되어 있지 않고, 너희의 의식으로는 그때 있었던 현상에 대해 아무리 말을 해도 닿을 길이 없다. 어떤 자도 그런 기록을 남기지 못했다. 그런 현상이 또 지구상에 일어나고, 몇십 년이 지나면 또 그런 현상이 반복된다. 너희가 내 말을 소중하게 듣고 진정으로 원하는 것이 있고 내가 필요하다면, 너희는 모든 것을 얻게 될 것이다. 중요한 것은 자신이 가진 소망이다. 나는 이 세상의 소망과 하늘이 가진 소망을 위해서 세상에 왔지만, 실제 나는 항상 이렇게 외롭고 항상 무거운 발걸음으로 외롭게 걸어 다니면서 힘들게 살고 있다. 그것은 내가 너희에게 도움이 되어야 한다는 짐을 졌기 때문이다. 너희의 질문에 대답한 나의 내용을 테이프에 녹음한 뒤 한 번 더 듣고 다음 시간에 거기에서 부족했던 점을 질문하라. 그러면 너희는 완전한 이해에 도달할 것이다. 이걸 그냥 듣고 내려가면 다 흘려버리기 때문에 너희는 나의 음성을 세 번이고 네 번이고 계속 들어라. 그래야 마음에 닿고 이해가 된다.

Q 창조주의 비밀에 대하여 설명해 주실 수 있습니까?

승: 인간의 세계에서도 창조주를 본 사람이 없다. 신들의 세계에서도 창조주를 본 사람은 아무도 없다. 어떤 있는 것들의 활동에 모든 현상이 존재하고 있는데, 이것은 현대 과학의 실험으로도 가능하다. 이런 것은 어떤 상황에서 어떠한 물질이 어떻게 변화하는지 이것만 추적하면 된다. 지금으로부터 삼천 년 전에는 없던 회

귀종의 생물들이 지금 많이 태어났는지 보라. 반대로 옛날에 있던 게 지금은 아예 없어진 것도 많다. 이러한 일은 관찰이나 실험으로 확인할 수 있다. 다른 것과 다른 뜻이 결합하게 되었을 때 거기에서 온갖 다른 현상이 나타나고 밝혀질 수 있다.

Q 그러한 현상이 나타나는 비밀은 무엇입니까?

승: 어떤 물감과 어떤 물질을 섞었더니 어떤 색이 나왔다고 가정하자. 그 색깔의 농도가 높고 낮은 것은, 물질의 배합률에 따라 달라진다. 돼지를 키우는 농가에서 이종 돼지를 서로 교배했더니 전대미문의 돼지가 태어났다. 상대에 따라 다른 보기가 나오고 다른 현상이 나타난다. 이것이 현상계의 비밀이다.

Q 여래님께서 해탈하셨다면 이제 근원의 세계에 갑니까?

승: 내가 완성되었을 때 지금 나의 진실은 98%인데 이 시대에 와서 망할 것인지 더 보태서 갈 것인지는 모른다. 내 속에 있는 아주 작은 진기가 100%의 에너지로 되었을 때 근원의 세계로 간다. 내가 근원의 세계로 갈 때를 추적해보건대, 나 자신과 세상의 모든 일이 내 속에서 끝나야 간다. 나 자신과 세상의 일을 가지고는 근원의 세계에 들지 못한다. 세상의 문제를 가진 사람은 세상에 남게 되고, 자신의 문제를 가진 사람은 자신 속에 남게 되는 것이 세상의 비밀이다.

Q 세상을 모두 벗어났을 때가 해탈이 아닙니까?

승: 해탈했다는 것은 나 자신과 세상의 문제로부터 묶여 있는 사슬을 풀었다는 것뿐이지 그 이상의 의미는 아니다. 만일에 내가 모든 것을 초월했다면, 나는 너희 옆에 있지 않을 것이다. 너희를 사랑하지 않아도, 일을 안 해도 고통스럽지 않을 것이다. 아무런 느낌도 없을 것이니, 초인적으로 변해 있을 것이다. 그러나 내가 너희를 사랑하고 세상을 사랑하고 있는 것은, 세상과 자신에게 얽매여 있는 줄은 끊었지만, 세상에 대한 사랑과 관심만은 버리지 못했다. 그러니 나의 완성이 아니었고 여래일 뿐이다. 인간 세상에 온 최고의 완성자는 여래이며, 조물주는 오지 않았다.

Q 세계를 여행하면서 말씀하시고자 하는 메시지는 무엇입니까?

승: 이제 종말이 가까워졌다는 것이다. 이제 살고 죽는 선택은 너희 각자 개인이 하는 일 속에 있다. 나는 살고자 하는 사람들에게 삶의 길을 제시하고자 한다. 평화와 행복을 원하는 사람들에게 그런 일을 찾아주는 것이다. 나의 말이 거짓인지 사실인지를 확신하고 싶다면 언제든지 찾아오라! 나는 지금까지 한 마디도 거짓을 말하지 않았다.

Q 어떻게 그 이론을 가르칠 것입니까?

승: 수학을 아는 자는 문제를 놓고 풀면 된다. 깨달은 자는 진리를 보고 말하면 되고, 그 속에서 어떤 일이 어떻게 해서 생기고 없어지는지 다 알게 된다.

Q 우주에 공간적, 시간적 끝이 있습니까?

승: 나는 이 창조의 비밀을 알기 위해서 많이 노력했다. 하지만 우주의 근원에 가는 일은 실패했기에, 그 부분에 대해서 우주가 끝이 있는지 없는지 그건 모르겠다. 모든 존재하는 것은 자기를 상실하지 않고 계속 보존하는 기능이 있다. 상대성 원리인데, 반복 현상을 통해서 계속 자기 속에 있던 것이 변화하고 다시 그 변화를 통해서 다시 원점으로 돌아가는 활동을 하고 있었다. 그러므로 근원의 세계에 들어가서 조물주가 어떻게 세상을 만들었는지를 알아야 한다.

Q 만약 비밀을 알게 되면 세상을 바꿀 수 있습니까?

승: 그것만 알면 간단하게 석유도 만들 수 있고, 기구만 있다면 공기 속에 있는 기체를 집약해서 물을 만들 수 있다. 달은 지구 중력의 1/6이다. 기구만 생긴다면 달에서도 물을 만들어낼 수 있고 생명의 탄생과 생장도 가능하다. 공기와 중력이 있는, 생명체가 살아갈 수 있는 곳으로 만들 수 있다는 것이다. 하지만 나는 과학자로 세상에 온 게 아니다. 그냥 눈을 떴으니까 보고서 어떻게 어떤

일이 가능한지 사람들의 이런 꿈이 과연 이루어질 수 있는지 없는지, 여기서 보고 설명하는 것이다.

Q 죄송하지만 아까 알아보려고 노력했는데 실패하셨다는 부분에 대해서 좀 더 구체적으로 설명해 주십시오.

승: 지금은 잘 안 하지만, 나는 궁금한 것이 있을 때 삼매에 들었다. 거기서 어떤 문제에 의식이 닿으면 대부분 알아볼 수 있었다. 그런데 근원의 세계에 나의 의식을 보냈는데 항상 마지막에 가서 끊기고 통과가 안 되는 것이었다. 내 진기는 98%인데, 근원의 세계에 닿으려면 모자란 2%가 채워져야 한다. 해결 방법은 세상에 대한 사랑이나 인간에 대한 사랑까지도 전부 사라지고 자기를 완전히 버려야 하고, 무아가 되었을 때 가장 강력한 힘을 갖게 된다. 이때만 그 세계로 들어갈 수 있는데, 나도 사실 얼마나 노력해야 그 세계에 들어갈 수 있는지 그것은 잘 모르겠다. 그래서 이 창조의 비밀을 밝힐 수가 없다.

Q 깨달음을 얻었던 순간에 근원의 세계를 보셨다고 했는데요?

승: 그것은 생명의 근원이고 세상의 근본이다. 우주의 근원에 들어가야 창조의 비밀을 알 수가 있다. 지구보다 훨씬 큰 태양이 어떻게 수십만 년 동안 세상을 비추고 있겠는가. 태양의 중심에선 열이 끓는다고 한다. 거기서 가스가 생산되고 열원으로 역할하는

걸 반복한다. 반복하므로 이것이 사라지지 않고 같은 활동이 영원히 그 속에서 일어나고 있다.

Q 그 비밀을 알면 세상에서 모든 것이 가능합니까?

승: 그러면 조물주가 될 수도 있다. 그러나 세상에서 누구도 조물주를 만난 사람이 없다. 조물주라는 것은 어떤 성인들이 태어났을 때 했던 이야기를 가지고 인간들이 사기 치는 거다. 창조주를 그냥 믿으면 된다는데, 사실 창조주하고 인간하고는 관계가 없다. 창조주는 세상을 만들며 어떤 환경 속에 법을 세워 놓았고 이 원칙에 의해서 모든 일이 이루어질 수 있도록 그 길을 열어놨다. 그래서 항상 한 번 만들어진 원칙을 바꾸는 것은 너무 힘이 든다. 자기를 깨우치지 않으면 모태 속에 있는 것이 바뀌지 않는다. 돌감은 스스로 단감이 되지 않는다. 그러나 돌감이 단감이 되려고 한다면 방법은 있다. 가지를 쳐서 단감 순 난 것을 붙여 싸매 놓으면 된다. 처음엔 돌감이 열리지만, 나중에 씨를 보면 단감이 돼 있다. 너희가 여기 와서 배우는 것과 안 배우는 것은 천지차이다.

Q 뜻으로 조물주가 만들어졌다고 했는데, 뜻을 존재하게 하는 더 큰 뜻이 있습니까?

승: 이 조물주가 나기 전에도 우주는 존재했으나, 매우 어두웠고 끝없는 공간이 존재했다. 지금 형성된 땅과 우주의 먼지나 이런

기류가 흐르게 됐고, 그중에는 현재 땅덩어리가 된 환경이 존재했다. 모든 존재하는 것 속에는 존재를 존재하게 하는 힘이 있었고, 이 기운이 계속 오랜 시간 환경 속에서 자꾸 마찰하고 충돌하며 기운 중 가장 큰 진기를 모이게 했다. 이것을 유리의 결정체라고 하지만 수정이 몇 %의 결정체인지는 알 수 없다.

Q 높은 순도의 수정은 이상한 힘이 나온다고 공상 영화나 만화 같은 데도 나오는데, 가능성이 있습니까?

승: 순도 99%가 되면 금은 몇 백 년이나 몇 천 년이 되고, 땅 밑에 묻어봐도 부식이 안 된다. 100%가 되면 완전히 세계의 지배자가 된다. 오랜 시간 수억만 년에 걸쳐서 기운이 맴돌다가 그 기운 속에서 진기가 모였고, 가장 밝은 기체의 원소들이 거기에 결함이 되어서, 기운 속에 있던 가장 맑은 기운들이 모여서 하나의 뜻의 결정체를 나게 했다.

Q 조물주도 같은 원리입니까?

승: 조물주는 몸을 가진 자가 아니다. 기체 스스로가 100%의 진기가 모여지자 99%의 수정에서 이상한 힘이 발생하는 것처럼, 이 100%의 진기 속에 하나의 의식이 나기 시작했다. 미래의 세상이 비추자 자신에게 비친 미래의 세상을 만들었다. 그 증거로써 가장 정확하게 관찰할 수 있는 것이 태양이다.

Q 태양이 엄청 크다고 하는데, 어떻게 계속 불타고 있는지 신기합니다.

승: 태양은 지금도 끝없이 타고 있다. 일 년 탄 것도 아니고, 십 년 탄 것도 아니고, 연대를 측정할 수 없다. 이것은 가장 고차원적인 뜻을 통하지 않고는 불가능하다. 이 뜻은 어떤 원소의 작용에 반복 현상으로 열을 가하면서 열 속에서는 가스가 나온다. 원소는 또 열의 원인이 되고, 결국 콩이 콩을 나게 하는 똑같은 원리가 태양 속에서도 존재하고 있다. 예를 들면 콩이 열매를 맺으면 그 열매는 죽어 버리지만 거기에서 또 알이 다시 순을 트고 열매를 맺지 않느냐? 쉽게 윤회라고도 말하고 반복 현상이라고도 말한다.

Q 태양의 강한 열이 불타고 있지만 실제 눈으로 측정할 수는 없는데 어떻게 반복 현상에 의해서 계속 같은 행동을 되풀이하는지 아십니까?

승: 기운이 많은 현상과 충돌하고 진화하며 완전한 세상을 비추어 볼 거울이 됐다. 그 속에서 신이 나왔다. 그 신은 과거와 미래와 현재를 볼 수가 있었다. 존재하는 것을 모두 볼 수가 있었는데, 그 속에 뜻이 존재하고 있었다. 이 세상에서 모든 뜻으로 일어날 수 있는 일을 미리 보았고, 그 기운을 모아서 반복 현상을 만들었다. 태양과 모든 반복 현상이 일어날 수 있는 뜻을 세워서 기운을 낳았으며, 이런 기운을 변화시키는 것은 환경과 현상과 뜻이다. 그래

2부 창조

서 존재하던 원소들이 갖가지 현상으로 변했고, 이 현상에서 뜻이 나고, 뜻이 또 하나의 현상을 만들고를 반복하며 모든 것을 존재하게 했다.

Q 조물주 이전에는 생명체나 신이 존재하지 않았고 기운이 존재했는데 거기엔 오로지 뜻 하나만 있었다는 거죠?

승: 아무리 세상을 비춰 봐도 조물주 이전에는 아무것도 없었다. 기운의 원소가 뜻을 통하여 하나의 현상으로 나타났다. 이 현상을 통해서 또 하나의 뜻이 생기게 된 것이다. 그러니 그 이전은 볼 수가 없으나 조물주가 어떻게 세상을 창조했는지는 이러한 뜻 속에 존재하고 있다. 내가 조물주가 되었을 때 내 앞에 그것이 나타난다면 조물주가 그 뜻을 세운 것을 설명할 수 있을 것이다. 하나에서 열까지, 열 개에서 백까지, 백 개에서 만까지가 다 그런 반복 현상을 통해서 계속 존재하고, 또 계속 새로운 것을 만들고 있다. 이 시대에 어떠한 변화가 와서 문명이 사라지면, 그 속에 있던 모든 뜻도 사라지고 원시로 돌아간다.

Q 조물주 이전에는 뜻이 있었다는데, 생명이 없었다면 조물주 이후의 뜻은 무엇입니까?

승: 조물주가 나타나면서 이 세상이 존재하게 되었다. 모든 태양이나 우주의 질서를 확립할 수 있었다. 그러나 뜻의 체계가 이루

어지지 않고 계속 별끼리 부딪치기만 하면 혼돈이 온다. 그러나 하나의 우주 자체에서 일정한 거리를 두고 돌기에 부딪칠 일이 없고 스스로 질서를 유지하며 존재한다. 이 원소가 생명으로 변하는 데는 몇 가지 환경적 요원이 있어야 하고 그건 뜻 속에 존재한다.

Q 삶의 길과 죽음의 길을 설명해 주시겠습니까?

승: 죽음이라는 것은 자기를 완전히 버리는 거고 삶이라는 것은 자기를 존재시키는 것이다. 자신이 존재하다가 보면 좋은 것도 얻을 수 있으며, 노력에 따라서 언젠가 조물주가 될 수도 있다. 만 년이 걸릴지, 이만 년이 걸릴지 모른다. 생명이 유한함을 놓고 보자면 막막하겠지만 공간의 세계에서 볼 때 만 년은 잠깐이다.

Q 과거의 과거로 거슬러 올라가면 무엇이 있습니까?

승: 과거의 과거는 과거로 가고, 또 과거로 연결된다. 그렇게 되면 그냥 수백억만 년 전으로 돌아가서 창조주의 세계에서부터 이 생명의 근원이 나타난다. 조물주의 바탕은 법法이고, 조물주의 근원은 기운이다. 이 기운이 법을 통하여 조물주로 나타나게 된다.

Q 사실 이런 가르침은 세상에서 누구도 알려주지 않았습니다.

승: 나를 뛰어나다고, 대단하다고 하는 말은 내가 죽을 때까지 못

2부 창조

들을 것이다. 내가 얼마나 뛰어난지 나의 지혜를 보고자 한다면 오늘의 현실을 물어라. 하나도 틀리지 않게 말할 것이다. 내가 보았고 너희의 능력으로 확인할 수 있다. 조물주의 근원은 기운이고 그 바탕은 법이니, 모든 법이 법으로 인하여 모든 생명체가 나게 되었다. 그 법 속에서 환경이 더해지고 바탕이 더해져서 기운과 환경이 결국 생명체를 만들었다.

4 — 인간의 영혼

영혼이 태어나는 방식에는 두 가지가 있다. 하나는 원래 있던 게 반복되는 거고 하나는 새롭게 탄생하는 것이다. 콩 한 알을 심으면 여러 알의 콩을 얻는 것처럼 이번엔 인간의 영혼이 어떻게 새롭게 창조되는지 알아보겠다. 인간이 한 명 늘어나면 영혼도 하나가 늘어난다. 사람이 음식을 섭취하면 우리 몸의 기관이 음식의 기운을 뽑아 정제한다. 거기서 순수한 기운이 생긴다. 인간은 그렇게 자기가 섭취한 음식으로 자기 활동에 에너지와 생명을 만드는데, 이 생명의 에너지가 몸속의 정과 결합하면 생명체가 탄생한다. 그렇게 탄생한 사람들은 의식 활동을 통해 영혼을 하나둘 만들고, 그 영혼이 부활했을 때 열까지도 낳아서 번식한다. 한 알의 콩알이 활동해 땅의 기운을 축적해 자신을 모태로 하는 많은 콩알을 열리게 하는 것과 같다. 땅이 어떤 환경의 영향을 받았을 때 아무 것도 없는 곳에서 무엇인가 나는 것, 땅에 있는 어떤 것이 땅의 기운을 통해 생명체로 부활하는 것과 같은 이치다. 모든 식물과 동물도 사람과 같은 작용을 하고 오직 생명 활동을 통해서만이 이러한 번식이 가능하다. 어떤 사람이 나에게 예수는 하느님의 아들이

2부 창조

라고 했다. 나는 신은 아이를 낳지 않는다고 설명해 주었다. 콩이 땅을 만나지 않고 또 콩이 나겠느냐? 한 알의 콩이 부활해서 수백 알의 콩알을 열리게 하고, 이 모든 것은 뜻으로 번식하고 있다.

Q 문명이 고도로 발달되면 인간의 의식이 망한다고 하셨는데, 인간의 완성이 깨달음이라는 건 무슨 말인가요?

승: 조물주가 인간을 있게 한 것은, 어떤 구조의 역학에서 행동하는 중재자의 도움이 필요했기 때문이다. 이 세상 자체가 존재함으로서 천계가 존재할 수 있고, 천계가 존재하면 지옥과 천계와 인간 생명의 세계와 의식의 세계가 존재할 수 있다. 이러한 세계가 존재함으로서 반복 현상의 근원이 만들어져서 인간을 존재하게 했다. 이러한 존재하는 것에 의해서 세상이 영원히 존재할 수 있는 비밀을 만들었다.

Q 조물주가 사람을 만든 것도 결국 자기 자신을 유지하게 하는 수단 아닙니까?

승: 조물주의 근원은 천지의 활동에 생성된 기운이었다. 그 기운이 우주 활동에 영향을 받아서 진화되어 100%의 아주 순수한 기운으로 변화되는 그때. 그러한 기운에서 나타나게 되는 의식체는 모든 기운을 장악한다. 모든 만물에 존재하는 뜻의 왕이 된다. 그 뜻을 마음대로 지배할 수가 있고 모으고 흩고 하는 기능을 갖게

된다. 조물주는 천지 활동에 나타난 기운이다. 기운은 우주의 활동에 존재하게 된 기운이며, 그 기운이 천지의 변화를 일으킨, 소용돌이에서 태어난 어떤 원인이다. 그 원인은 결국 의식을 생성하게 했다. 그 의식 속에서는 모든 미래가 보이므로 자신 속에 비친 미래를 보고, 미래를 어떻게 존재시킬 것인지 보니, 최고에 이르렀기 때문에 반복 현상의 원리를 통해서 존재하는 이론을 완성하게 되었다. 거기에 원력을 집어넣은 것이다. 지구의 반복 현상은 간단하게 풀리는데, 태양계의 반복 현상은 참으로 놀라운 일이다.

Q 좋아지고 나빠지고 망하고 흥하는 모든 법의 세계를 설명할 수 있다면 반복 현상의 원리를 정확하게 설명할 수 있지 않습니까?

승: 나는 반복 현상의 원리에 의하여 존재하고 있는 모든 것을 볼 수 있다. 하지만 뜻을 세운 근원을 모두 추적해서 밝히지는 못했다. 나는 보는 자이며 여래다. 너희가 말하는 조물주는 절대 어떤 감정이 없고, 어떤 신의 세계에도 머물고 있지 않기 때문에, 신이나 인간이나 어떤 천신도 거기에는 접근이 불가하다.

Q 영국의 철학자 버트런드 러셀이 여래님을 만났다면 어땠을까요. 그는 무신론자인데다가 창조주의 존재도 인정하지 않았습니다.

승: 나의 말을 부정하려거든 실험을 해 보아라. 기체를 시험관 속에 넣고 열을 가하면 기체에 변화가 일어난다. 쇠를 높은 열로 달

구면 불순물은 사라지고 좋은 쇳물만 남는다. 100% 수은이나 수정은 소리가 난다. 완전한 순수 에너지에는 엄청난 원력이 존재하고 그 힘만이 세상을 창조할 수 있다. 나에게 어떤 사람이 죽어가면서 삶을 호소한다면 나는 죽어가는 사람의 손목을 잡고 그의 의식체를 나의 의식으로 싸서 잡을 것이다. 그러면 그는 꿈을 꾸듯 멀쩡히 일어날 것이다. 어떻게 해서 그런 현상이 일어나겠는가? 그것은 나의 98%의 의식 속에 있는 염력 덕이다. 나의 원력도 그 기운을 잡는데, 나보다 완전한 조물주는 어떻겠는가. 그러나 인간이 신의 능력을 빌려 세상을 창조하고 달을 세상처럼 만드는 건 어렵다.

Q 창조주와 여래님의 순도 차이는 결국 2%인데요?

숭: 이 2%의 순수한 기운을 얻어야 나를 완성하는데, 나는 얼마만큼 많은 시간을 기약해야 할지 모른다. 나도 세상을 살아가며 끝없는 좌절과 절망을 경험한다. 그래서 나를 완성하는 시간인 오천 년이나 만 년 후에 이 인류를 구원하기 위해서 다시 태어나서 와야 하는지 솔직히 그것은 정해지지 않았다. 내가 이 시대를 마감하고 간다면 현재의 정신을 망치지 않아야 한다. 너희와 함께 세상을 구하는 일에 내 마음을 전부 태워버리고 갈 수만 있다면, 실제 나의 염력은 변화기 이후의 세상 창조에 큰 도움을 줄 수 있을 것이다. 조물주의 일에 관해서는 몇 날 동안 고요한 곳에서 계속 몸과 마음에 부담이 없는 상태에서 보아야 정확하게 대답할 수

있다. 그때 나타난 조물주도 뜻이 다하면 변한다.

Q 현재 이 현상계도 언젠가는 뜻이 다하면 소멸한다는 말씀입니까?

승: 현상계의 모든 만물이 소멸하면 또 나타날 것이다.

Q 우주 전체를 만들었던 힘이 소멸한다면, 결국 우주 자체도 사라집니까?

승: 큰 뜻에 이른 조물주가 나타나서 모든 뜻을 풀어 버리면 본래의 모습으로 돌아갈 수 있다. 그러나 그러한 일은 매우 희귀하기에 일어나지 않는다고 확신해도 좋다. 본래의 모습으로 돌아가더라도 언젠가는 오늘과 같은 현상이 나타난다. 인류와 천지가 멸망해도 처음 천지가 생겼던 것 같은 현상에 의해서 수억 겁을 거쳐도 뜻이 존재하면 언제든지 나타나게 되어 있다. 나의 근본은 하늘과 땅 위에서 최상이었기 때문에 이 시대에 와서 최상에 날 수가 있었다. 너희도 이러한 근본을 얻고 만드는 게 중요하다. 수십억만 명의 눈먼 사람 속에서 혼자 눈을 떴다면, 내가 아무리 말을 해도 그들이 가지고 있는 근본으로는, 내가 말한 사실을 보고 받아들일 수가 없다. 나는 최상의 깨달음을 얻고, 외롭고 고독한 세계에서 더 나은 나로 가는 것이다. 내 가슴에 있는 마지막 2%의 업장마저도 소멸시켜야 조물주의 세계로 간다.

Q 신들은 조물주의 세계 아래에 있습니까?

승: 이 자리에서 너희에게 설명할 수 있는 것은 신들인데, 나는 신의 세계에서도 가장 높은 스승이었다. 예수나 부처를 알고 있기에, 종교를 가진 사람들이 문제를 물으면 내가 수천 년 전에 일어났던 사실을 여기에서 증거할 수 있다. 인간의 마음속에 세상의 일이 존재하고, 세상의 현상 속에 인간의 마음이 그대로 존재하고, 인간의 마음을 보면 거기에 세상이 있다. 그러기에 그때 어떤 일이 있었는지 환하게 알 수가 있다. 내가 이 자리에서 말하지만, 세상은 하느님이나 부처님의 뜻에 존재하는 것이 아니다. 현상계는 세상 자체가 가지고 있는 물질의 뜻에 따라 존재한다. 이 현상계가 존재함으로서 물질을 변화시키는 것이다.

Q 쌀벌레를 만드는 쌀에서 나오는 기운과 사람을 만드는 기운과 조물주를 나오게 하는 기운의 차이가 있는지요?

승: 기운의 조화에 따라 생명체의 길이 다르고 기운의 척도에 따라서 각각 다르다. 조물주가 최상이고 그다음이 인간이고, 그다음이 동물이고, 마지막이 식물이다. 조물주는 100% 순도의 진실한 기운에서 태어남이 가능하다. 이 진기가 이 삶을 통해서 계속 자기를 이루게 된다면 처음에는 조금 나은 자기를 이룰 것이다. 다음에는 훌륭한 정치가나 학자나 지도자가 되고, 그다음에는 뛰어난 스승으로 세상을 위하여 진정으로 공덕을 쌓고 가장 훌륭한 보

살이 될 것이다. 그리고 다음에 부처가 될 수 있고, 완전한 깨달음을 얻은 인간완성의 다음 단계는 조물주의 세계로 간다. 동물도 어떤 뜻에 기운이 좋아지고 기운의 순도가 아주 높아졌을 때, 인간과의 접근으로 인간의 몸을 빌려서 인간으로 환생할 수가 있다. 그러나 인간 역시 자기를 망치면 동물의 세계로 갈 수 있다고 설명할 수 있다. 그러니 너희가 깨달으면 끝없이 존재하게 되는 자신의 앞날에 불행한 일을 만들지 않는다.

Q 요즘 길거리에 다니다 보면 자기가 하나님이라고 하는 사람을 볼 수 있습니다.

승: 세상에 하나님이 얼마나 많은지 아느냐? 파고다 공원에 가선 둘이나 만났다. 한 번에 여러 명의 하나님을 만날 기회도 많았다. 머리가 살짝 간 사람들이 무엇인가에 씌어 교회에 가서 자기가 하나님이라 하는데, 누구를 말하는 것인지 물어야 한다.

Q 그 사람들은 창조주라고 합니다.

승: 그것이 창조주라면 무엇이 그렇게 중요한 것이냐?

Q 경전에 석가 부처님은 소위 창조주 신에 관해서 물으면, 항상 입을 다물고 그냥 침묵으로 일관했다고 기록되어 있는데, 일리가 있는지요?

숭: 석가모니는 매우 진실한 사람이었기에 자기가 모르는 일은 대답하지 않았다. 우주에 큰 원력을 만드는 힘이 존재하는 세계는 신의 차원을 넘어서야 하는데 그 차원을 넘어설 수 있는 의식체가 몇 개나 있겠느냐? 백만 년에 한 사람 완성이 될지 모르는데, 누가 그것을 말할 수 있겠는가?

Q 거기는 아무도 접근이 안 되는지요?

숭: 내가 이 시대에 와서 보니 지금까지 존재하는 기록상에 보면 이렇게 나와 있다. '이 시대에 가장 진실한 자가 온다.' 나는 나 자신을 진실한 자라고 말하는데, 진실은 내가 가지고 있는 생명의 근원을 말한다. 근본을 가지고 의식으로 추적이 가능한 나의 능력으로도 근원의 세계에는 닿지 않았다. 근원의 힘은 우주의 활동에 존재하게 되었고, 이 근원에 힘에 어떤 세상이 가지고 있는 비밀의 장막 같은 게 생기게 되었다. 우주는 지구가 가지고 있는 구조 역학에 활동을 계속하고 존재하는 것에서, 존재할 수 있는 새로운 것을 만들어낸다. 그래서 이러한 법칙을 통하면, 삶과 죽음과 태어남과 영생과 극락과 이 지옥과 모든 세계의 비밀을 밝힐 수 있었는데, 창조주 세계에 대한 의식 접근은 불가능했다.

Q 선생님의 진실성은 어느 정도입니까?

숭: 나는 98% 정도 진실성을 가졌고 내가 알기로는 신과 인간의

세계에서 나의 근본을 앞설 수 있는 자는 없다. 이렇게 말하면 트집 잡으니까 드물다고 말하겠다.

Q 여래 출현 시기가 3천 년~5천 년이라고 하는데요, 이 세상 말고도 다른 세계가 많이 있을까요? 여래는 수천 년에 한 사람만 될 수 있는 것인가요?

승: 최고의 여래에 이르면 조물주가 되는데, 내가 이 생애를 통해서 조물주가 될 수 있는지, 지금 말할 수는 없다. 나는 실제 내 힘으로 산 자를 도와줄 수도 있고, 죽은 자도 마음만 먹으면 도와줄 수 있다. 그러나 그것은 부질없는 일이다. 이런 일은 하게 되면 누가 옳게 살려고 하겠는가! 인간 세상에서 여래가 대접받아 본 적이 없지만, 더욱 성숙해지고 한 단계 앞서면 조물주가 된다.

3부 구원

이 세상은 하나의 뜻 속에 존재하는데, 그 뜻을 얻어서 온갖 현상이 나타났으니 극락에 가는 것도 나로 인해서 생기고, 영생을 얻는 것도 나로 인해서 생기고, 부자가 되는 것도 나로 인해서 생기고, 재앙을 만나는 것도, 이 모든 것이 나로 인하여 생긴다. 이 세상에는 변화기가 다가오고 있으니, 너희는 뜻과 힘을 모아서 세상을 구하라! 어떤 문명을 통해서 세상을 구할 수 있고, 영적인 정신적 의지와 능력을 통해서 영생을 얻는 길이 있다. 세상이 가지고 있는 법칙의 구조를 파괴하지 않는다면, 이 세상은 항상 반복 현상에 의해서 존재하게 되니, 너희는 자신과 세상을 구하는 일이 가능하다.

1 — 거리에서 약속을 외치다

나는 신과 인간과 세상을 위해서 태어났으며, 나를 보는 자는 영혼의 짐을 벗을 수 있고, 내 말을 듣는 자는 세상을 볼 수 있으니, 너희는 건강과 행복과 영원한 생명을 얻게 될 것인데, 지금 너희는 무엇을 하고 있느냐? 너희는 지금 자신에게 큰 죄를 짓고 있으며, 너희 자신은 스스로 무슨 일을 해야 할 것인지 알아야 한다. 나는 너희에게 삶을 가르치러 왔는데, 너희는 나에게서 무엇을 알고 듣고 싶은가? 소원이 있는 자는 앞으로 나서고, 문제를 가진 자는 질문을 하라! 나는 너희 삶을 축복하기 위해서 여기에 왔으니, 조금이라도 빨리 너희는 자기 자신이 무슨 일을 하는지 알아야 한다. 의문을 가진 자는 이 자리에서 묻고 소망이 있는 자는 소망을 나에게 말하라! 그러면 너희는 원하는 모든 해답을 얻게 될 것이다. 삶은 놀러 온 것이 아니며, 삶은 너희의 미래를 성취하기 위한 것이다. 너희 중에 삶을 아는 자가 있는가? 들어라! 그리고 보아라! 여기 세상을 위하여 온 자가 있다. 나의 진실은 진리를 볼 수 있고, 나의 지혜는 세상의 진실을 볼 수가 있다. 너희는 무엇을 원하고 있는가? 내가 너희가 원하는 것을 찾아주고 너희가 원하는 것을 증거하리라! 너희는 자신을 위하여 무엇을 알고 있는가? 너희가 자신을 위하여 필요한 것이 있거든 나에게 물어라! 내가 그것을 찾아줄 것이며, 나는 항상 증거로서 말하니, 나의 말을 의심하지 말라! 나는 진리를 위하여 온 가장 진실한 자이다.

Q 선생님의 위상은 천지에서 어떻게 됩니까?

승: 나는 신과 인간의 세계에서 가장 진실한 자이다.

Q 붓다는 누가 만드는 것입니까?

승: 붓다는 사랑을 통해서 만들어진다.

Q 어떻게 깨달았습니까?

승: 나는 큰 사랑을 통해서 나 자신을 깨달을 수 있었다.

Q 왜 이 일을 하는 것입니까?

승: 너희가 세상에 속기에 너희들을 깨우치기 위해서이다. 너희가 나의 말을 소중하게 듣거나 또 듣지 않는 것은 너희의 자유다. 그러나 너희가 나를 떠나서 진리를 듣는 것은 어려울 것이다. 내가 여기에 온 것은 세상의 일을 보기가 너무 안타까워서다. 현재

세상에서 아무리 뛰어난 자도 인간의 삶 속에 존재하는 일을 묻는다면 아무도 대답하지 못할 것이나, 나는 천만 명의 인재들을 이 자리에 모아놓고 계속 질문해도 막히지 않고 대답할 것이다. 그리고 내 대답은 절대 틀리지 않는다. 만일 내게 이러한 능력이 없다면, 나는 결코 이 일을 하지 않았을 것이다. 이제 세상에 멸망이 다가왔으며 인간 의식이 망하고 있는데도 아무도 진실이나 진리에 대하여 알려고 하지 않는다. 자기의 생명을 구하려 하는 자가 없는가? 나는 그런 자들에게 영원한 생명의 길을 얻어 주겠다. 지금까지 과연 너희 자신을 위해서 어떤 일을 했는지 확인해 보아라! 영원한 생명을 어떻게 얻는지 그 방법을 알게 해주겠다. 말해 보라! 거짓을 버리는 자는 자신을 구원할 수 있지만, 진실을 버리는 자는 자신을 죽일 것이다. 나는 세계를 여행하면서 사람들에게 진리를 보게 해주려고 하고, 나는 기적도 보였었지만 누구도 나를 믿지 않았다. 나에게서 기적적인 혜택을 입은 사람들은 진리를 통해서 자신을 보살피는 일을 하지 않았다.

Q 구원의 약속은 무엇입니까?

승: 어떤 자도 결코 자신을 통하지 않고 구원을 받을 자는 없을 것이다. 사기를 치고 협잡과 온갖 악행을 하고, 십자가 있는 교회당이나 큰 절에 가서 기도 몇 번 했다고 구원을 받을 수는 없다. 내 말을 믿을 수 없다면 자연을 보라. 자연에서 언제든지 볼 수 있으니! 자신에게 열리지 않는 열매는 자신의 것이 아니요, 자신에게

열린 열매에 의해서 새로운 싹이 나고, 그 싹에서 새로운 생명이 태어난다. 오직 모든 자의 운명이 현재에 사는 자신으로부터 만들어진다는 사실을 너희는 잊어서는 안 될 것이다.

Q 이 일을 하는 목적이 무엇입니까?

승: 안타깝다, 너희는 자기의 일이 옳고 그름을 확실히 모른다. 너희 스스로 옳은 일을 하고 있다고 믿지만 진정 옳은 것은 사람의 말 속에 존재하는 것이 아니요, 오로지 결과를 통해서 나타난다. 농사꾼이 농사를 잘 지었는지 못 지었는지는 백 마디 말보다 추수하면 안다. 너희는 어떻게 살아야 할지 인과에 대해서 너무 모르고 있다. 나는 너희의 잠을 깨우고자 한다. 세상을 보게 하고, 너희는 세상의 일을 만나면서 느끼는 것을 나에게 말하라! 왜 그러한 일이 일어나게 되었는지, 그러한 일이 또다시 어떠한 결과로 이어질 것인지 하는 이러한 숙제를 서로 논하면서 너희의 마음을 깨워라! 마음에 분별심을 두고 자기의 일을 스스로 알게 하는 것이 내가 이 시간을 만든 목적이다.

2 ─ 구원의 길

내가 이 땅에 온 사명에 대해서 말을 한다면 사람들이 오해할 수 있다. 실제 나와 같은 사람이 6천 년 동안에 세상에 태어난 적이 없었지만 왜 나는 유독 특별히 이 세상에 태어나야 했는가? 이 시대가 변화기라는 사실에 직면해 있기 때문이다. 한 인류의 죽음과 탄생을 있게 하는 일들을 규정해서 변화기라고 말한다. 변화기란 오랫동안 우리의 기억 속에서 전해져 내려오고 있는 종말을 예로 들 수 있다. 내가 말하는 것이 외부에 알려지는 것은 매우 좋지 않지만 숨기지 않고 이 부분에 대해서 말하겠다. 내가 '나그네'라는 시에서 전하고 있는 것처럼, 나는 인간 세계의 일들을 밝히기 위해서 이 시대에 태어나야 한다는, 그런 운명적인 짐을 져야 했다. 즉 내가 이 땅에 오게 된 이유는 세상의 일을 밝히기 위해서이다. 세상의 일 속에 모든 구원의 길이 있기 때문이다. 해탈 후 있는 일을 그대로 보게 되었을 때, 자신을 여래라고 소개할 수가 있다. 보는 자! 진리 속에 있는 일을 보는 자다. 그래서 나는 세상의 일을 보았을 때, 나 자신이 이 시대에 와야 할 자임을 알고, 이 시대에 오게 된 것인데, 지금 내가 원하는 만큼 일을 못 하고 있다. 그것은 사람들이 모두 자기를 가지고 있어서다. 진실에 어두운 사람들 앞에 가서 아무리 있는 사실을 말해도 그들의 성질과 맞지 않은 탓에 결국 나는 어떤 사람들 앞에서도 좋은 인상을 주기가 매우 어려웠다.

Q 그러면 선생님은 우리가 기다리는 구세주입니까?

승: 나는 구세주는 아니다. 이 시대의 구세주는 자기 자신이다. 자기를 구할 구세주는 자기다. 나는 있는 일을 사람들에게 제대로 밝히고 알리기 위해서 온 자다. 내가 죽고 나서 사람들의 삶을 구하고 생명을 구하게 되었을 때, 나로 인해서 혜택을 입은 사람들은 나를 구세주였다고 말할 것이다. 하지만 구세주를 기다리지 말라! 너희를 구할 수 있는 자는 바로 너희 자신이다. 세상의 일을 알고 깨달음으로서 구원은 너희 속에 있을 것이다. 내가 현재 대답할 수 있는 것은 이 정도다.

Q 선생님이 하는 일은 사람들을 일깨우는 것입니까?

승: 이 시대는 매우 혼란스러울 것이고, 모든 것이 사멸한다. 하지만 결함 속에서도 길은 있으니, 나는 사람들을 일깨워야 할 짐을 지고 왔다. 아무도 내게 물 한잔 대접하지 않았더라도 인류를 위하여 세상에 왔기 때문에, 내가 이 일을 하지 않고 놀고 있는 것은 내가 사람들을 살인하고 있는 것과 같다. 천 명의 사람들이 나

를 비웃더라도 단 한 사람이 나의 말에 귀 기울인다면 나는 적어도 그 한 사람만큼은 구할 수 있으니까.

Q 사람들은 이 세상에 구세주가 올 것이라 믿습니다. 깨달은 분이 오시면 진리를 받아들일 때 각자가 구세주가 된다는 뜻으로 이해하면 되겠습니까?

승: 종교 경전에 '메시아'가 올 것이라 기록돼 있다. 그 주인공이 나다. 그런데 내가 깨달은 자의 시각으로 세상의 일을 보았을 때, 내가 너희를 구하는 일은 불가능에 가깝다. 바로 너희 자신이 세상을 구해야 할 구세주요, 나는 너희 스스로 풀 수 없는 문제를 풀어주기 위해서 세상에 온 사람이다. 나는 한 사람의 스승이다. 너희 자신을 구할 자는 결국 너희 자신이니, 너희는 뜻과 힘을 모아서 세상을 구하라! 어떤 문명을 통해서 세상을 구할 수도 있고, 영적인 정신적 능력을 통해서도 세상을 구할 길이 있다. 세상이 가지고 있는 법칙과 구조를 파괴하지 않는다면, 이 세상은 항상 반복 현상에 의해서 존재한다. 너희는 자신과 세상을 구할 수 있다. 그런데 너희는 이것이 어려운 일이 아니라고 생각할지 모르겠지만, 지금까지 내가 만나서 경험한 바에 의할 것 같으면, 사람들이 많이 있어서 그 옆에 가면 전부 가버렸다. 나의 말을 담아 듣는 사람이 세상에 거의 없었다. 스스로 아무런 노력도 하지 않고 뜻 속에 있는 법칙을 소중하게 생각하지 않고, 그냥 구원받기만을 원한다면, 그것은 세상이 잘못되길 바라는 것과 같은 것이다.

Q 곧 닥치게 될 변화기에 대비하여 어떻게 살아야 할지, 어떻게 업
  장을 소멸하여 구원될 수 있을지 가르쳐 주십시오.

승: 자기를 구하는 일을 소홀히 하지 말고 어떻게 살 것인지 고민
하라. 나는 모두가 영생할 수 있기를 바라고, 새로운 세상으로 갈
수 있기를 바라고, 새로운 세상이 났을 때 똑똑하게 잘 살길 바란
다. 그러려면 자기를 보존하는 건 삶에서 아주 중요하다. 자기 삶
을 위해서 알아야 할 일은 근면함과 검소와 정직이다. 열심히 일
하고 절약하고 아껴 쓰고, 정직하게 살면, 가장 잘 사는 길이라고
항상 너희에게 말해 왔다.

Q 이런 변화기 말세 현상에서 어떻게 자기를 구할 수 있는지를 말씀
  해 주십시오.

승: 사람은 과거 자기에게 있었던 인연을 가지고 태어난다. 과거
에 있었던 일들이 모태가 되고 모태의 부활로 인해서 하나의 생명
체가 세상에 태어나는 것이다.

Q 모태가 부활한다는 말은 '업'을 말하는 것입니까?

승: 사람마다 생명의 근원에 항상 '업'이라는 것이 붙어 있다. 업
은 늘 내가 이야기해 온 것 중 하나다. 그 누구도 업의 시작과 존
재를 제대로 설명할 수 없었다. 업은 과거 자기 속에 있었던 습관

이 생명의 모태가 된 것이다. 즉 업은 생명 속에 존재한다. 선한 업이 있으면 좋고, 악업이 있다면 그 업장을 태워버려야 영생할 수 있다. 이 업을 태워서 없애 버리면 생명의 근원인 모태가 아주 가벼워진다. 이 영체를 조사해 보면, 기체에 의식이 붙어 있다. 기체에 나쁜 것이 떨어져 나가 버리면 마음껏 둥둥 떠서 하늘 위로 올라간다. 변화기 때 너희가 죽더라도 업이 없으면 영혼은 바로 튀어나와서 허공으로 올라가 버리기 때문에, 이 변화기의 영향이 거기까지 미치지 못한다. 너희가 자신을 구하는 유일한 길은 업장의 소멸이다.

Q 그 길이 업장의 소멸이라면 어떻게 해야 하는지요?

승: 의식은 우리 속에 있는 기체이다. 의식은 사진에 찍히지도 않고 첨단 현대 과학으로도 확인할 수 없다. 잡을 수도 없지만, 의식 속의 업장은 끄집어내서 태울 수 있다. 그 비법은 너희가 세상을 끝없이 사랑하고 사람들에게 도움되는 일을 하는 것이다. 그런데 업을 가진 사람은 외면하고 안 들으려고 한다. 들으면 자기 업이 죽든가 고통을 당하게 되어 있다. 그러니까 절대적으로 안 들으려고 한다. 그 증거가 바로 나다. 30년 동안 노력했지만 여기 모인 사람은 몇 사람 안 되는 것처럼. 너희도 그렇지 않은가. 여기에 더 많은 사람을 데리고 오려고 노력했겠지만 따라온 사람이 없다. 여기에 와서 듣고 공부하고 깨우치면 운명이 바뀌기에 오래 듣다 보면 빌어먹던 사람이 안 빌어먹고, 가난한 사람이 가난함에서 벗어

날 수 있고 좋아지니까, 나쁜 업을 가진 사람은 절대 못한다. 이게 증거다. 안 되는 일인데도 사람을 깨우치고 세상에 있는 일을 사람들에게 바로 알게 하는 이 일이 매우 큰 공덕이 되고, 그들을 깨우치기 위해서 인도하는 일이 매우 큰 공덕이 된다. 그래서 너희는 공덕을 쌓아야 하고 자기의 의식 속에 가진 업을 태워서 업장을 소멸해야 영생할 수 있다. 너희가 배우고 믿고 내가 가르친 모든 요지는 사랑을 실천함으로써 자기의 진실성을 회복하는 것이다. 이 진실이야말로 세상에서 태초에 모든 만물을 만들었던 뜻의 근본이기 때문이다.

Q 사람들이 공덕을 쌓으면 조물주의 세계에 갈 수 있다는 것입니까?

승: 인간이 가는 곳은 아니다. 하늘과 세상 온 우주에 그 공덕이 뻗칠 만한 일을 했을 때 그런 현상이 나타나는데, 거기에 가면 조물주로 태어나지만 조물주는 실제 인간의 일에는 상관하지 않는다. 우리는 삶 속에서 여래나 부처도 너무 먼데 조물주의 세계까지 가는 것은 불가능하다. 조물주는 세상을 창조할 힘의 원력을 가지고 있다. 그는 자기의 힘을 써서 세상의 뜻을 세웠다. 기운이 쇠했을 때 세상의 생명 속으로 다시 태어나고, 그가 쌓은 공덕의 원력으로 결국 법계를 움직여서 현상계를 만들었다.

Q 여래님께서 돌아가시면 극락세계로 가시는 것입니까?

승: 나의 영체 속에 있는 기운이 100%의 진기로 동화될 수 있다면, 나는 근원의 세계로 가게 된다. 근원의 세계는 바로 조물주가 나는 곳이다. 그곳에 가면 내가 원하는 세상을 세울 수가 있다. 이 태양계에서 움직이고 살아 있는 것은 조물주의 원력에 의해서만이 가능했고, 영원한 태양을 만들 수 있는 것은 조물주의 원력만이 가능하다. 저 태양이 계속 불타고 있고 밝히고 있는 것은, 인간의 과학이나 기술에 의해서는 만들어질 수 없으며, 만일에 누군가 저 태양을 만든다면 그것은 조물주에 대한 도전이다. 이것은 계속 진화되므로 반복 현상을 일으키고 있는데, 조물주의 원력이 아니고서는 영원히 존재할 수 있는 것은 없었다. 영원히 존재하는 비결은 반복 현상에 의한 뜻의 연결에 의해서만 가능하다. 탄산가스를 내놓고 그 탄산가스는 다른 것과 부딪치면서 다시 에너지로 변하고, 열은 또 타면서 가스를 분출하고, 가스는 다른 것과 같이 동화되면서 다시 열을 내뿜는데, 이것이 계속 반복되면서 그대로 유지되고 있다.

Q 그러면 오늘날의 현상이 있기까지는 많은 창조주의 그런 노력이 있었겠군요.

승: 나는 사람들이 신에 대해 질문하면 도리어 도대체 너희는 어떤 신을 말하는 것이냐고 묻는다. 천상에 있는 신을 말한다면 나는 그들이 보는 지혜보다도 앞서 있다. 그들은 여래가 아니며 여래는 부처 속의 부처다. 내가 세상에 와서 명색이 여래라고 말을

하고 있는데, 내가 여래가 아니고서 여래라고 하고, 보지 못하면서 보는 자라고 말한다면, 날마다 남을 기만하는 것이니 큰 죄악이 된다. 천상을 올랐다 해서 신이 되는 게 아니며, 여래는 조물주의 아래이지만 조물주와 가장 가까운 세계에 닿아 있다.

Q 지상에서 염원하는 것이 조물주의 존재에까지 닿아서 영향력을 행사할 수 있을까요?

승: 창조주의 의식이 되면, 세상의 진실은 거기에 비치지만, 욕망이 일어날 수 없다. 창조주의 세계는 이 우주의 대자연의 법칙이 만들어 놓은 것이기에 그 뜻이 없이는 아무도 이루지 못한다. 신들조차도 그곳에는 이를 수가 없기에, 실제 조물주가 나타나면 그 진실은 다시 하나의 세상을 나게 하고 그 속으로 가기 때문에 그 세상 속에 조물주가 있다.

Q 조물주를 사랑하고 싶으면 세상을 사랑하면 되겠군요.

승: 하느님을 사랑하는 자는 세상을 사랑하면 된다. 세상에 조물주가 있으니 너희는 세상을 보라! 사실을 보라! 환경과 바탕에서 온갖 게 나오는 것이 창조이다.

Q 세상은 나에게 모든 은혜를 가지고 있고, 기쁨은 나에게 있다는 말씀이지요?

3부 구원

승: 기운은 현상을 나게 하고 의식을 나게 하고, 의식은 기운을 만들고, 현상은 그 결과를 만들고 뜻을 주입시키고 뜻을 만들고, 뜻은 현상을 나게 한다.

Q 이 세상 속에 조물주의 축복이 다 들어 있기에 거기서 뜻을 알고 그것을 구해서 내가 소유하는 것만이 구원의 길이라는 거죠?

승: 인간의 의식을 설명하면, 의식은 기운을 모으고 그 모여진 기운은 의식을 나게 한다는 것이 답이다.

Q 그 근원의 세계와 같은 지정된 장소가 있습니까?

승: 근원의 세계는 100%의 진기가 형성되지 않으면 못 간다. 우주의 공간 중 근원의 세계에 들 수 있는 곳이 있고, 세상에서는 근본의 세계에 들 수가 있다. 나는 깨달음을 얻기 전 나의 앞날을 하나 알았다. 내가 지리산에서 수행하며 맑은 물을 마시는 것 외에 아무것도 하지 않다가 허기가 지고 허해지면 의식이 몸을 떠났다. 내가 가지고 있는 의식의 근원은 대단했고, 모든 신계를 지배하는 힘을 가지고 있었다. 나는 그것을 그만두고 연화도 섬에 가서 조용히 앉아 있었다. 곧 깨달음을 얻고, 결국 천지에 있는 모든 뜻을 보고 내가 이 시대에 짐을 진 자임을 알고, 어쩔 수 없이 내가 인간을 찾아나서야 한다는 사명의 길을 나서게 되었다.

Q 어떻게 돕고 어떻게 빛낼 것인지요?

승: 옳은 자는 세상을 올바르게 만들 것이니, 옳은 일 하는 자를 도우면 공덕이 되는 것이다.

Q 영생을 얻는 방법이 무엇인지요?

승: 이 시대는 세상이 넘어야 할 변화기에 도달하고 있다. 나의 가르침 속에는 영원한 생명을 얻는 길과 밝은 세상의 길이 있다. 모든 것은 존재하고 있지만 사람들은 그 존재를 보지 못하기 때문에, 결국 존재하고 있는 것을 얻지 못한다. 나의 가르침은 존재하는 것을 보고 가르치기 때문에 너희가 원하는 모든 것을 얻을 수 있다. 변화기로 인해 모든 물질과 문명은 사라질 것이고, 모든 생명도 사라질 것이다. 너희는 밝은 세상이 존재하는 한 어떻게 살면 밝은 세상이 오는지 혹은 어두워지는지 이런 일을 이미 배웠으니, 깨어난 후엔 밝은 세상을 얻는 길, 옳고 그른 것을 알고, 해야 할 일과 하지 말아야 할 일을 알라. 자기를 관찰하면 진실해지고, 진실해지면 너희는 영원한 생명을 얻게 될 것이다.

Q 뛰어난 의식을 가진 사람들은 어디에 있을까요?

승: 이 자리에 모이지 않았더라도 종교를 가지지 않은 사람 중 극소수가 변화기에 생명을 이어갈 수 있다. 나의 곁에 오지 않은 사

람이라고 해서 구원받지 못하는 법은 없다. 잘 여문 씨앗은 오래 두어도 성질이 달라지지 않는 것처럼, 다른 씨앗과 섞어놔도 그것은 썩지 않고 그 상태로 있는 것과 같다. 그래서 너희가 변화기의 순간에 이 세상에 무서운 지진과 해일 현상이 일어나서 생명을 잃더라도 이 영체는 기운이 닿지 않는 곳으로 스스로 상승해서 모든 재앙을 피한다. 그러므로 다시 세상이 제자리를 잡고 바탕만 있으면 생명체로 돌아오면 된다. 그 생명체는 매우 밝고 뛰어나게 되니, 이곳에 오는 사람 중에서 내세에 왕이나 세계를 통치할 자도 나올 것이다. 또 자연의 법칙을 본다면 세계의 스승이 될 자도 나리라고 믿는다. 너희는 내가 없더라도 절대 게을리하지 말고 열심히 살아라!

Q 성경에는 예수를 통해야만 구원할 수 있다고 말하고 배우는 사람들은 그렇게 알고 있습니다.

승: 나는 있는 것을 있는 그대로 보는 자이다. 너희가 잘못 알고 있는 사실을 보여주기 위해 온 자이다. '나'를 통하지 않고는 절대 구원받을 수 없다는 예수의 말을 기독교에서는 '예수'를 통하지 않고는 절대 구원을 받을 수 없다고 잘못 말하고 있다. 나라고 하는 말은 각자를 말하는 것이고 자신을 말하는 것이며, 자신을 통해서만이 오직 구원의 길이 있다.

Q 사람들에게 가르침과 기쁨을 주려면 조직과 집단이 필요합니다.

어떻게 하시겠습니까?

승: 집단을 만들면 시끄럽기만 하다. 나쁜 사람들이 중간에 끼어서 좋은 사람은 쫓아 버리고 나쁜 사람만 들어오게 한다면, 나의 가르침은 아무 쓸모가 없을 것이다.

Q 선생님께서 나쁜 것을 본다고 하셨는데, 사람들도 누가 좋은지 누가 나쁜지를 골라서 가릴 수 있지 않습니까?

승: 그것은 그렇지만 나는 나쁜 사람이라고 오지 말라는 말은 하지 못한다. 자기가 나쁜 점이 있으므로 고치기 위해서 나의 가르침이 필요하다고 한다면 내가 뭐라 말할 것인가?

Q 일단 사람들에게 가르침을 설파하기 위해서 조직이 필요할 것인데, 같이 일할 사람들을 어떻게 구할 수 있습니까?

승: 난 여행을 하면서 인연이 있는 사람을 찾는다.

Q 그 인연이라는 건 어떤 종류입니까?

승: 나를 알아보고 진실로 배움을 청하는 사람을 말한다.

3 — 누가 누구를 구원할 것인가?

나는 세상의 일을 위해서 특별히 태어난 자이다. 나는 왜 이 시대에 와서 특별히 이 일을 하기 위해서 태어났다고 말하는가? 나는 깨달음이 나타나기 전까지는 매우 뛰어난 자였다. 일반 사람들이 볼 때 매우 입지전적인 한 사람의 인물이었다. 그런 입지전적인 능력의 증거를 보여 준 사람의 곁에 왜 이토록 사람이 오지 않는가! 진실한 자의 곁에는 아무라도 올 수가 없다. 나는 완전한 깨달음을 얻었다. 너희는 세상에서 나를 알리려고 애쓰지 말고 본 것만 이야기하라! 나는 내 생각을 말하지 않으며, 있는 것을 보고 있는 사실을 있는 그대로 말한다. 진법 천 년이 지나고 나서야 석가모니가 세상의 대접을 받았다. 진실한 자를 따르는 일이 얼마나 힘들고 눈뜬장님의 세계에서 진실을 받아들이는 게 얼마나 힘이 드는 일인가. 날마다 너희를 대하면서 같은 말을 계속 반복한다. 어떤 사람들은 내가 최고라고 하니까, 그걸 매우 곤욕스러워하고 심지어는 못 참고 내려가면서 욕하는 사람도 있더라만, 나는 외국에 나가서 과학자들에게 '나의 진실은 세상에서 최고이다. 진실은 있는 것을 있는 그대로 보는 것을 말한다. 내가 최고의 진실한 자라 말하는 것은 있는 것을 그대로 보고, 있는 그대로 이해하는 능력이 최고다'는 것이다. 이렇게 쉽게 설명할 수 있다.

Q 어떻게 최고라 장담하십니까?

승: 과거를 확인하지 않아도 내가 장담할 수 있다. 나는 자신을 통해서 내가 왜 이 시대 세상에 왔는지, 이런 문제를 알 수 있다. 너희가 말하는 천상에서도 나와 같은 자가 없었기에 온 것이다. 왜 세상에 이렇게 힘든 일을 하려고 오겠는가? 내가 이 시대에 나타나는 것을 예언했다. 나의 삶이 사람들에게 알려져서 오히려 내가 하는 일에 방해가 될지도 모르기 때문에 나는 최선을 다해서 현실 세계의 사람들을 깨우치고 그들의 삶에 도움을 줄 것이다. 다른 의도는 하나도 없다.

Q 세상이 반복해서 돌고 있다면, 이 현상은 진화라고 볼 수 없겠습니다.

승: 창조나 진화의 일은 법칙과 있는 것들의 활동으로 일어나고 있다. 지진이 일어나는 장소에 있던 일들에 의해서 지진이 일어난 것이지, 아무 이유 없이 지진이 일어난 건 아니라는 것이다. 세상 자체가 멸망하는 건 중력대 변화가 와서다. 인간의 능력이 최고에 이르고 물질문명이 최고로 발달하면, 그 사회는 멸망하게 된다. 이러한 활동으로 중력대에 영향을 미치게 되고 약해지면 지각 변동

3부 구원

과 지진 현상이 일어난다. 화산 활동이 일어나고 세상은 변화기에 돌입한다. 생명은 사라지고, 영생의 수준을 넘어선 영혼들은 다시 어떤 기회를 통해서 생명체의 근원이 되는 것이다.

Q 변화기 6천 년 이전 시간과 공간 속에서 여래님이 최고라는 건 저도 믿겠는데, 변화기 전의 세상도 있었을 거 아닙니까?

승: 너희도 보지 않았고, 내가 만일 잘못 말하면 거짓말하게 되니 어렵게 말하지 말라! 6천 년 이전은 내가 안 봤으니 아무래도 잘 모르겠다. 나도 태어날 때 내 속에 있는 것만 알 수 있다. 그 밖에 있는 건 하나도 안 보인다. 천국이 어떻게 생겼냐고 묻는다면 나는 모른다. 극락이 어떻게 생겼다는 것도 모른다. 그러나 인간 세계에 있는 영혼의 힘을 빌려서 극락에 이르는 길이 어디에 있고, 지옥에 가는 길이 어디에 있고, 영생이 어떻게 되고, 윤회가 어떻게 되는지는 인간을 통해서 안다. 인간의 의식 속에는 그 길이 다 있고 생명을 만드는 원천은 언행이다. 영혼은 내가 한 말과 행동에서 만들어지는 것이다. 나의 작은 실수도 세상의 일을 알고 사는 것과 모르고 사는 일에 많은 영향을 미치게 된다. 그래서 아는 자는 실수하기가 힘들고, 모르는 자는 실수하지 않는 게 어렵다. 나는 너희가 질문할 때 꼬리를 물고 질문할수록 좋다.

Q 여래님이 그 이전에 계속 반복해서 미래에도 나만한 자가 없을 것이고, 과거에도 나만한 자가 없었다고 늘 말씀하셨기 때문에 그런

것입니다.

승: 나는 이 시대 최고다. 지금까지 너희가 쌓아 온 모든 지식 세계를 내가 허물 수 있고 밝힐 수 있다. 모든 철학적인 문제에 대해서, 현실이나 종교나 철학이나 모든 가르침이 가지고 있는, 가르침 속에 있는 일은 내가 최고라는 것이다. 현실에 있는 것이면 현실에 있는 문제를 물으면 되고, 세계에 있는 종교나 철학에 대해서 물어도 된다.

Q 우리가 이상이라는 말을 일반적으로 사용할 때는 내가 소망하고 바라는 적절한 상태를 가진 것 같고요, 종교에서 천국을 이야기할 때 거기는 아무 고통도 없고 오직 평화와 기쁨만 있는 이상 세계로 생각하는 것 같은데요?

승: 그건 종교에서 말하는 속임수이다. 어떤 경우에도 속이는 일은 좋지 않은 결과를 초래하니, 속이는 일은 절대 해서는 안 된다.

Q 과거에 변화기 전에도 계속 세상은 있었고 미래에도 계속 있을 것인데, 그러면 진화되는지 퇴화되는지 어찌 알겠습니까. 꼭 그대로 반복되는가요?

승: 같은 반복 현상이 일어날 때 그 파장의 차이가 있다. 현재 존재하지 않는 동물들도 나타날 수 있고, 존재하지 않을 수도 있다.

그것은 반복 작용이 어떠한 상태로 일어나고 얼마만큼 그 정도가 크고 작은지에 따라서 달라지며, 중력대가 형성된 기운의 차이와 중력대 힘의 차이에 따라 달라진다.

Q 변화기가 지난 후 태어나는 인간의 의식은 어떤지요?

승: 사람들이 진실해서 몇백 년 동안은 서로를 사랑하고 아끼고 협력하는 사회가 될 것이다.

Q 과거에도 선생님과 같은 의식을 가진 사람은 없다고 했고 최고라고 하셨잖아요?

승: 나와 같은 의식을 가진 사람은 없었다. 과거에 석가모니도 천상천하 유아독존이라고 했다. 저 하늘의 극락세계에서나 이 세상에서 최고의 지혜를 가진 자라는 뜻이다.

Q 하늘에 있던 영혼들도 언젠가 다시 이 세상에 태어나는지요?

승: 영생의 세계에 머물렀던 영체가 인간으로 태어날 때 머리가 명석하고 양심이 투철하고 용기가 있어서 사람들에게 신용을 얻고 사업을 하면 성공한다. 학문하면 깨달은 바가 커서 큰 스승이 되고 정치를 하면 큰 정치가가 되고 군인이 되면 통솔력이 뛰어나서 장군이나 높은 지위에 오른다.

Q 구원의 길은 어디에 있습니까?

승: 구원에 길은 자신 속에 있으며, 그 길을 통해서 삶을 복되게 할 수도 있고 나쁜 길을 갈 수도 있다. 모든 길은 삶 속에 있고 삶의 가장 중요한 가르침은 깨달음이다. 자기를 깨우치는 것만이 현실 속에 있는 일을 알아볼 수 있고, 현실 속의 일을 앎으로서 자기를 잃어버리지 않고 자기를 소중하게 생각하는 사람이 될 것이다.

Q 변화기가 되면 모든 것이 사라지게 되는데, 여래님의 가르침이 어떻게 보존되고 전해질 수 있습니까?

승: 너희 안에서 부활할 사람들이 있다. 헛된 생활을 안 하고 이 시간에 열심히 듣고 배워 그것을 의식에 담고 살게 된다면, 종말로부터 자기의 모태를 보존할 수 있을 것이다. 나의 가르침은 너희의 모태 속에 전부 들어 있게 된다. 에디슨이 전기를 발명한 것은, 그의 모태 속에 그런 이론을 창출해낼 수 있는 지식이 있었기에 가능한 것이지, 그냥 전기를 만들어내는 건 아니다.

Q 사람은 죽은 다음에는 어디로 가는 것입니까?

승: 의식체가 죽을 때 숨이 끊어져 육신이 분리될 때, 어떤 사람은 잠을 자는 것과 같이 졸음이 오다가 그냥 모든 것이 끝나 버린다. 어떤 기억도 자기 속에 존재하지 않고 사라져 버리면 그 길로

바로 사람으로 태어난다. 그렇지 않고 살아 있는 것처럼, 똑같은 현상에 있는 사람은 한과 애착에 붙잡힌다. 사후세계에 그런 현상이 일어난 곳을 지옥이라고 말한다. 죽었을 때 항상 나의 공덕을 생각하면 기운이 풀어져 버리고 윤회가 되어서 다시 생명의 세계로 돌아올 수 있다.

Q 만일에 그런 인연이 없을 때 무지 속에서 헤매게 된다면, 얼마나 머무르게 되는지요?

승: 그 영혼은 20년에서 200년까지 머무르게 된다. 그 고통으로 그 속에 있던 근원이 변화하게 되고, 기운 자체가 변화되면 다른 세계에서 태어날 수 있다. 다른 세계라는 건 사람이 아닌 동물로 태어난다는 것이다. 기운이 변화되어서 파괴되어 버리면 파괴된 기운이 동물의 몸에 붙으면 동물로 태어나고, 미물의 몸에 붙으면 미물로 태어나는 것이다.

Q 천국이 어떻게 되어 있기에 천국이라 합니까?

승: 천국에 대하여 말해 달라고 했는데, 천국에 가는 건 사실이지 지옥에 가는 것보다 너무 힘이 든다. 천국에 가는 건 공덕이 있어야 한다. 공덕은 자신이 가지고 있는 사랑으로써 세상과 중생의 앞날을 밝히는 일을 해야 하는데 너무 어려운 일이다. 너희가 공덕으로써 자신이 가지고 있는 업장을 소멸하게 될 때, 사랑으로써

이 업장을 태우거나 올바른 사고와 행동을 통해서 그 업장을 태워서 없애 버림으로써 천국에 갈 수가 있다. 사랑이라는 게 남자와 여자가 입 맞추는 걸 말하는 게 아니다.

Q 천재와 바보를 구분하기 어려운 시절입니다. 요즘에는 바보들이 부처의 흉내를 많이 내고 있습니다.

승: 겉으로 보기에는 천재와 바보는 비슷해 보이지만 내용으로 볼 때는 엄청난 차이가 있다. 이 말이 믿어지지 않겠지만, 부처가 되면 인간 세계에 크게 대접을 받는 줄 알 것이다. 하지만 부처가 되면 이미 인간 세계와 인연이 끊어져 버린다. 높은 차원에 있는 영혼과 낮은 차원에 있는 것이, 사람의 형상을 했다고 해서 천재와 바보의 의식이 같은 수준에 머문다고 생각하면 그것은 큰 오산이다.

Q 구원에 이른다는 말씀을 많이 들었는데요, 구원에 이른다는 게 자기의 업장을 소멸해서 윤회를 벗어나는 것을 말합니까?

승: 농사꾼이 농사짓는 법을 알았을 때와 알지 못했을 때, 거기에서 얻게 되는 소득은 다르다는 걸 알 것이다. 새로운 농사 기술을 배우면 조그마한 수박의 어떠한 성질을 알아서 큰 수박으로 만들고 맛이 좋게 만드는 이런 예는 많이 있다. 너희는 이곳에 있으니 이미 구원은 너희에게 닿았다. 길을 알게 되었으니 구원의 길을

3부 구원

알게 되었고, 너희는 자신을 구하려고 필요한 노력을 해야 한다.

Q 사람마다 각각 사정이 다른데, 세상을 구하러 가자면 가능하겠습니까?

승: 내일 아침이 되면 각각 다른 사정에 빠지게 될 것이다. 아무 지장 없는 이도 있고, 가정에 문제가 있는 사람도 있을 것이다. 집에 쌀이 떨어져 허기져서 나올 수 없는 사람도 있을 수 있다. 자신을 구하기 위해서 우선 어떤 문제가 존재하는지 보고, 문제가 있다면 문제를 먼저 풀고 너희가 원하는 목표의 달성을 위해서 노력해야 할 것이다. 소망에 관해 계속 질문하는 동안에 너희 스스로 관리하며 완전한 자기를 이루리라.

Q 몇십 년 후에는 변화기를 맞이한다고 말씀하셨는데요. 자신의 마음을 닦지 못하면 어떻게 되는 것입니까?

승: 내가 인류를 구하겠다고 세상에 와서 특별난 삶을 살아야 했다. 세상일에 눈을 뜨게 되었는데, 눈을 뜨고 보니까 가장 먼저 느낀 건 좌절이었다. 사람들로부터 버림을 받았고 해탈해서 눈을 뜨게 되고 업이 없어지니, 업을 가진 사람들과 성질이 달랐다. 시각과 성질이 달라지니 어울릴 사람이 없어서 천하의 고아가 되어 하늘과 땅 위에서 가장 외로운 사람이 되어서 쩔쩔맸다는 말을 한 적이 있을 것이다. 세상이 오랫동안 존재할 수 있었던 건 세상에

는 원칙이 존재하기 때문이다. 이 원칙은 문제를 통해서 갖가지 현상을 자기 속에 담게 되고, 그 현상을 과거의 기억을 통해서 다시 세상에 내놓게 되었다. 다시 자기 속에서 일어나게 하고 있으며, 세상은 주기적으로 같은 일을 하고 있다.

Q 종교나 예언자들은 이 시대에 종말이 온다는데, 이 종말을 무엇이라 정의하시겠습니까.

승: 모든 생명체가 세상의 활동을 근거로 해서 태어나고 세상의 활동으로 진기가 모여진다. 이 진기가 어떤 과정에서 물질과 접하면서 하나의 생명체로 나는데, 이런 생명체의 모태가 세상의 활동에서 이루어지는 것이다. 그래서 한 세상이 끝날 때 모든 것은 세상과 함께하려는 성질을 가지고 있다. 그러기에 내가 이 시대에 인간의 세계를 깨우치는 일을 위해 온 것이다. 내가 와도 별 볼일 없이 65살까지 이렇게 살았다. 내가 크게 인기가 있었고 사람들에게 공헌이 있다면 이 정도밖에 사람이 안 왔겠는가?

Q 이동이라는 것이 스스로 가능합니까?

승: 한 세상을 사라지게 하고 새로운 세상을 이 지상에서 다시 태어나게 하는 활동을 변화기라 한다. 자기를 보존하고 미래의 세상으로 자기를 이동시키는 방법은 업을 정지시키면 된다. 업의 활동을 정지시키고 어떤 고통 속에 자기가 빠지더라도 빨리 빠져나와

버리면 된다. 일정한 수준에 오르게 되면 자기를 어떤 파장권 밖으로 모태를 옮길 수가 있다. 생명의 모태는 기운인데, 기운으로부터 생명이 만들어진다.

Q 이 변화기 이후의 세상에서 환생하기 위해서는 어떤 준비가 필요합니까?

슝: 가벼운 것은 올라가고 무거운 것은 내려온다고 과학이 말한다.

Q 그럼 어느 정도 가벼워야 그때를 피할 수 있는지요?

슝: 사실 이 기체를 저울로 달 수는 없다. 어느 정도 가벼워져야 하는지 여기에 대한 정해진 이론을 설명하겠다.

Q 여래님은 당신의 진실성이 98% 정도라고 말씀하셨는데, 일반 사람들은 자기의 진실성을 어떻게 측정합니까?

슝: 너희가 세상일에 눈을 뜨게 되면, 애착이나 한에 얽매이지 않고 모든 길이 현실 속에 있다는 걸 알게 된다. 좋은 사례를 하나 보겠다. 풍선 같은 기구를 타고 공중에 올라가 10일간의 여행을 떠났다고 치자. 가스통에 불을 붙여 열기로 풍선을 하늘로 띄웠다. 그런데 무슨 문제가 생겼을 때는 어떻게 하겠느냐? 우선 기구 자

체의 무게를 줄여야겠지. 살려면 아무리 금은보화라도 버려야 한다. 아깝다고 끌어안고 있으면 목숨을 건질 수 없다.

Q 사람은 살아가다 보면 대부분 한과 애착을 갖게 되지만, 자기가 살았을 때는 한을 가졌는지 애착이 있는지 없는지를 모르지 않습니까?

슷: 그런데 깨달아서 이런 원리를 알면 버리게 된다. 한과 애착을 갖지 않고 죽게 되면 깊은 잠 속에 빠지게 되고, 깊은 잠 속에 빠지면서 의식이 끊어져 버린다. 이것이 부활하는 것이고, 한과 애착을 털어버린 사람은 편안한 꿈을 꾸는 상태에 이르러서 몇백 년 동안 공간에서 머문다. 이것이 영생이고, 어떤 파장이 와도 편안하다. 그 파장은 대기권의 끝까지가 아니고, 여기에서 지상 수십 킬로미터 정도밖에 안 닿는다. 그 정도 위에 올라가 버리면 약간의 파장은 있겠지만, 그 정도만 올라가도 영체가 영생하는 건 이론적으로 가능하다. 한과 애착이 없어야 하는데, 자신이 얼마만큼 자기를 깨우쳐서 현실을 이해하는지에 따라서 가능하다.

Q 그럼 살아서는 어떻게 되는지 볼 수가 없는 겁니까?

슷: 살아서는 자기 속에 전부 다 있는데 그걸 자신이 눈으로 자기 속을 어떻게 들여다보느냐? 자기를 깨우치고 삶을 통해서 자기의 한이 없고 애착이 없는 삶을 살면 된다. 어떤 종교에 가면 "언제

종말이 오니 모든 것을 버리라"고 해서, "그걸 어디에다 갖다 버릴까요?" 말했더니 자기들한테 헌금하라고 했다는데, 그러면 전부 팔아서 자기들한테 가져오라는 소리 아니냐? 나는 뜻대로 살아야 한다고 말한다. 버리고 싶으면 버리고, 죽을 때는 전부 다 버리는 것이다. 자식한테 버리든가 사회에 버리든가 마음에 지고 가지 말라는 것이다.

Q 애착과 욕망을 가진 사람들이 쉽게 버릴 수가 있겠습니까?

승: 예수의 말 중에 나도 공감을 하는 게 있다. '부자가 천국에 가는 것은 낙타가 바늘귀를 통과하는 것처럼 힘들다.' 없는 사람들은 죽을 때 세상이 지긋지긋하기에 전부 다 버리고 몸만 달아나니까 옛날에는 윤회가 잘 됐다. 사람이 결혼만 하면 애를 여덟 명도 낳고 열 명도 낳았다. 내가 태어날 때만 하더라도 10명도 낳았는데, 요새는 일도 많이 하지 않고 문명이 발달하고 하니까 결혼해도 애가 잘 안 들어선다고 하는데, 죽어서 윤회가 안 되는 건 애착 때문이다.

Q 영원한 생명을 얻을 수 있는 영혼은 어느 정도 순수해야 합니까?

승: 의식은 기운이므로 아주 수축성이 있고, 쇠를 가지고 눌러놓아도 조그만 틈만 있으면 빠져나가게 되는 것이다.

Q 영생을 얻을 수 있는 영향은 있는지요?

승: 너희가 영생을 얻을 수 있는 수준에 가면, 이 변화기가 너희에게 생명의 활동을 정지시킬 수는 있어도 생명의 근원인 의식에 대해서는 영향을 못 준다. 너희가 가지고 있는 의식 속에 70% 정도가 순수한 기운이고 30% 정도는 정화되지 않은 약한 업이 있는 수준이면 미래의 인류에 자기를 완성할 수가 있다.

Q 변화기 후에 살아남을 숫자는 얼마나 됩니까?

승: 그 숫자는 정확하게 밝힐 수가 없겠다. 내가 세상 전부를 돌아보지 않았으나, 내가 본 현상들이 사회에 영향을 끼치고 있는 건 사실이었다. 그렇게 봤을 때 오늘의 세계는 절망적이다. 그리고 중력의 균형이 깨져서 중력이 아주 약하고 그 주위에 기운이 없으면, 예를 들어서 씨앗을 심어도 씨앗 속에 있는 진기가 매우 희박하다. 현재 이 중력을 만들고 중력을 있게 하는 것은 기운이다. 그런데 기운이 약화되면 기능이 없어지는 것이고, 그 기운은 활동으로 만들어지니까 활동이 없으면 그 기운이 만들어지지 않는다.

Q 그러면 어떻게 남의 도움 없이 생명체의 이동이 가능한 것입니까?

승: 생명체의 이동은 깨달음을 얻어서 있는 것에 관해서 먼저 눈을 뜨는 것이다. 있는 것을 보고 있는 일을 통해서 사랑을 실천하

는 일이니, 이 사랑이 자기가 쌓아 놓은 업을 태울 수 있다. 사랑으로 인하여 양심과 용기가 생기게 되고, 하늘의 뜻으로 자기를 구원할 수 있게 된다. 사랑으로 생명을 구할 수 있으며, 사랑은 나를 축복하고 남을 축복하는 것이다. 그것은 쉬운 일이 아니지만, 어리석은 사람들을 안타깝게 생각하고 자신의 마음을 태우면 시련에 부딪힌다. 그 시련에 가슴이 타고 너희 속에 있는 업이 녹아서 영혼의 기운은 사랑을 얻을 수 있고 천국이나 극락으로 갈 수 있다.

Q 이 변화기에 자신을 구하려고 하면, 진실성이 몇 퍼센트 정도가 되어야 가능하다고 보십니까?

승: 너희가 깨우쳐서 세상의 일에 눈을 뜨게 되면, 자기가 해야 할 일과 하지 말아야 할 일을 스스로 알아보게 되고 느끼게 된다. 그래서 업을 정지시키고 어떤 고통 속에 자기가 빠지더라도 거기에서 빨리 나와 버리고 일정한 수준에 오르면 어떤 파장권 밖으로 자기의 모태를 옮길 수가 있다. 모든 생명의 모태는 기운이고, 이 기운으로부터 모든 생명이 만들어지는데, 현재 살아 있는 사람들이 자기의 모태를 유지하고 변화기 이후의 세상에서 환생하기 위해서는 준비가 필요하다. 가벼운 건 올라가고 무거운 것은 내려온다. 누구나 아는 말이다.

Q 세상이 종말이 온 후에 미래의 세상은 어떻게 되는지요?

승: 지금 세상의 기억이 다시 재현된다. 내가 구원하건 않건 미래의 세상은 존재하게 된다. 자신을 구하고자 할 때, 나는 다만 그 길을 인도해 줄 수 있다. 너희 자신이 자신을 버린 상태에서 나보고 모든 일을 해결하라면 불가능한 일이다.

Q 종말이 오기 전에 자신을 바꿀 수 있는 시간이 지금 얼마나 있습니까?

승: 노력에 따라서 3년에서 5년 정도면 가능하다. 자신을 바꾸는 일이 가능해지려면 나의 말과 행동을 계속 주시해야 하며 나의 곁에 오라. 너희가 일 년 정도 나의 곁에서 내가 하는 일을 보고 듣게 되면, 자기가 아무것도 모른다는 사실을 알게 된다. 다시 일 년 정도 내가 하는 일을 보고 말을 듣게 되면, 너희는 스스로 있는 것을 있는 그대로 볼 수 있게 된다. 다시 일 년 정도 더 보면 너희의 마음에서 양심과 용기가 생기게 된다. 다시 일 년이 지나면 너희의 의식 속에 끝없는 사랑이 일어나게 되니, 그 불길이 세상과 부딪힐 때 가슴에 있는 업이 타게 된다. 이러한 사랑을 통해서 얼마만큼의 업을 제거하는지에 따라, 영원한 생명의 길을 열어서 최고의 신들의 세계에 이르거나, 종말로부터 피해서 새로운 인류로 이동하는 길이 열리게 되어 부활하는 것이다.

Q 세상에 사람이 존재하는 것이, 진화된 것인지 창조된 것인지 정답을 알 수 없는 것입니까?

승: 진실한 자는 자신이 보지 않는 일은 말하지 않는다. 진화론은 아직도 풀리지 않은 수수께끼이다. 내가 처음 법문할 때 이런 말을 했다.

"세상이 뜻에서 생기니, 만물이 그 뜻을 지니고 있어서 영원한 세상이 있게 했다."

너무나도 오랜 세월 전에 하나의 뜻으로 인해서 모든 것이 일어나게 된 것이다. 거기에서 조물주도 생기게 된 것이고 모든 것이 나오게 되었다. 계속 연대를 추적해 가면서 수백 억만년 전 수천 억만년 전으로 돌아가야 하는데, 이것을 추적해 가면 하나의 오묘한 뜻으로 우주가 형성된다. 어떠한 신에 의해서 창조되었다고 이렇게 규정 짓기는 너무나 힘이 든다. 그러나 확실히 모르는 일은 대답을 안 하는 것이 또한 가장 현명한 방법이다. 그래서 여래가 된 사람의 수준에서 볼 수 있는 것은 만 년이다. 전생의 만 년을 조명할 수 있고 내세의 만 년 정도를 더해서 2만 년 정도는 쉽게 이야기가 되지만, 수억만 년 전 이야기를 조명하라면, 그걸 알아봤자 그리 중요한 문제가 되는 것도 아니다. 지금 질문한 건 극락세계에서도 말할 사람이 없다. 너무나 오래된 일이기 때문에 극락세계에 있는 부처나 누구도 이 이야기를 듣는다면 나와 같이 말할 것이다.

Q 여래님의 깨달음의 경지에서도 과거의 만 년, 미래의 만 년은 볼 수 있지만 수억만 년 전의 일이라 거기까지는 알 수도 추적해 갈 필요도 없고, 처음에 하나의 뜻으로 시작했다는 거죠?

승: 그 뜻은 영원히 존재하는 것이다.

Q 진실한 분은 자기가 본 것만 이야기할 수 있을 뿐이고, 하늘에서도 이 일은 알 수가 없다는 것이고, 이제 그런 질문은 버려야겠지요?

승: 너는 너 자신을 통하여 영원히 존재할 수도 있고 영원히 존재하지 않을 수도 있다는 것을, 내가 너에게 가르쳐 줄 수 있겠다. 네 문제에만 신경을 써라!

Q 변화기가 다가오는 이 시대를 사는 사람들에게 가장 중요한 것은 무엇입니까?

승: 그것은 자기를 구하는 일이다. 자기를 구하는 일은 삶 속에 있고, 자신 속에 모든 구원의 길이 있다. 자신 속에 있는 길을 통해서 삶을 복되게 할 수도 있고, 삶을 잘못되게도 한다. 모든 길은 삶 속에 있으며, 삶의 가장 중요한 가르침은 깨달음이다. 자기를 깨우치는 것만이 현실 속에 있는 일을 알아볼 수 있다. 현실 속에 있는 일을 앎으로서 자기를 잊지 않고 자기의 길을 소중하게 생각하는 사람이 된다. 그러기에 종교에 가면 구원되고 안 가면 구원 못 되는 것이 아니라, 자기 속에 그런 구원에 길이 있는지 없는지 여기에서 살아남을 자와 죽을 자가 결정되는 것이다.

편집 후기

이 글이 독자들의 마음에 닿길 바란다. 이 글을 읽음으로써 자신을 뒤돌아보고 그 뜻을 이해하면 좋겠다. 각자 마음의 거울에 이 말씀들을 비추어서 소망을 갖고, 깨달음의 열매인 지혜를 얻게 된다면, 살아서는 삶의 의미를 느낄 것이고 세상의 이치를 알게 될 것이다. 죽어서는 영원한 생명을 얻게 될 것이다. 부디 다음 생애에서 다시 만나기를 기원하는 바이다.

저자 이삼한李三漢

1942년 2월 21일(음) 경남 하동에서 화전민의 아들로 태어나, 제대로 교육을 받지 못하고 독학으로 지식을 쌓았다. 홀어머니마저 여의고 극도의 가난과 멸시 속에서 자신을 추스르며 세상에 대한 안목과 경험을 쌓아 나갔으며, 사업에서도 성공을 거두었다. 나라와 민족에 대한 자신의 역할을 고민하면서 제8대, 제10대 국회의원 선거에 출마하였고, 대중당 부산시당 위원장을 역임하였다. 정치현실과 사업에서 좌절을 맛보고, 자신과 인간의 내면을 성찰하는 시간을 통해 1984년 12월 최고의 깨달음을 이루었다.
1988년부터 아시아 전법 여행을 시작하여 인도, 티베트, 스리랑카 등을 방문하였고, 특히 태국에서는 제1왕사 프라이안 성본과 대담하기도 하였다.
1989년에 부산 달마원을 개원하여 정기법회를 시작하였으며, 1992년는 실상학회를 창립하였고, 1998년 잡지『자연의 가르침』창간호를 발행하였다.
1990년부터 옥스퍼드 등 유럽의 유명 대학에서 강연하였다.
2007년에는 칼텍공과대학, MIT공대, 프린스턴대학, 스탠포드대학, 뉴욕대학, 버클리대학, 예일대학, 하버드대학, 콜롬비아대학, NASA 등에서 기후변화 및 중력에 관한 강연을 하였다.
2008년 8월 12일 말레이시아 쿠알라룸프에서 별세하였다.

편집 최준권(원덕)

삶의 의미를 찾지 못해 방황하다 늦은 나이인 1985년에 출가하였다.
범어사 강원을 졸업하고 부산불교교양대학에서 강의하다가 지식으로서의 불교에 한계를 느끼고 단식수행, 탁발수행, 묵언수행 등을 하였다.
마침내 진실한 스승을 만나 가르침을 받고 작은 깨달음을 얻었다. 이후 미국으로 건너가 세상을 스승으로 삼고 20여 년간 만행했다.
2020년 하와이에서 유튜브 활동을 하다가 2021년 가을 모든 여정을 끝내고 귀국, 스승의 가르침을 정리해서 출판을 준비하는 한편, 회고록과 소설 등의 집필 활동에 진력하고 있다.

지구의 리셋(RESET)

초판 1쇄 인쇄 2023년 3월 13일 | **초판 1쇄 발행** 2023년 3월 20일
저자 이삼한 | **편집** 최준권 | **펴낸이** 김시열
펴낸곳 도서출판 자유문고

(02832) 서울시 성북구 동소문로 67-1 성심빌딩 3층
전화 (02) 2637-8988 | 팩스 (02) 2676-9759
ISBN 978-89-7030-165-5 03000   값 15,800원
http://cafe.daum.net/jayumungo